SUPUESTOS MORFOGENÉTICOS DE LA ARQUITECTURA

UNA APROXIMACIÓN TEÓRICA

El caso de la catedral gótica

SUPUESTOS MORFOGENÉTICOS DE LA ARQUITECTURA

UNA APROXIMACIÓN TEÓRICA

El caso de la catedral gótica

María Elena Hernández Álvarez

Primera edición   2007

©ARCHITECTHUM PLUS S.C.

Díaz de León 122-2
Aguascalientes, Aguascalientes
México CP 20000

Diseño de portada
Federico Martínez

ISBN 978-968-9470-02-1

A la memoria de mis padres;
a sus amorosas manos llegué a la vida,
y con ellas también a la catedral gótica.

A mi esposo y a mis hijos;
mi vida desde siempre para ellos.

PRÓLOGO

En todo género de edificio existe un punto de partida, un preciso momento fundacional ubicado en el tiempo y en el espacio, en contextos sociohistóricos específicos en los que comunidades cohesionadas en torno a ciertas ideologías, a ciertas costumbres y tradiciones, por diversas causas evolutivas, demandan una nueva habitabilidad. ¿Cómo se va perfilando esa habitabilidad?, ¿en el espíritu de quiénes se gesta y se define?, ¿cómo se concretizan sus formas, entendiendo la idea de forma como un todo, envolvente y contenido?, ¿cómo se determinan sus funciones y sus desempeños espaciales para que prevalezca vigente en el tiempo y sea congruente e incluyente?, ¿qué es aquello intangiblemente presente en sus formas y contenidos que hace de esa habitabilidad un testimonio único?

Para tener algunas respuestas es necesario acudir, hipotéticamente, al momento mismo de la concepción de esa habitabilidad, a aquello que aquí llamamos supuestos morfogenéticos fundacionales de la arquitectura, y para ello se requiere una indagación y reflexión teórica transdisciplinar, es decir, ir más allá de la arquitectura, a otras fuentes de conocimiento tales como la historia, la literatura, la filosofía, la poesía.

Presentamos aquí una serie, siempre incompleta, siempre en construcción, de reflexiones teóricas transdisciplinarias en torno a algunos momentos fundacionales en la historia de la arquitectura, a aquellos que por sus características han definido un particular devenir edilicio y que son testimonio de que siempre es posible responder a nuevas demandas de habitabilidad.

Se ha elegido comenzar con el caso de la catedral gótica porque representa un singular parteaguas, también fundacional, en la historia occidental de la habitabilidad y de las formas en las que se manifiesta.

INTRODUCCIÓN

Desde la primera vez que entré a una catedral gótica comenzó para mí una creciente fascinación por los espacios góticos; y es que algo absolutamente grande habita en ellos, y de tal manera se hace presente que, en palabras de Ortega y Gasset, arrebata al ser humano de la pesantez de la tierra. Lo sublime palpita en las catedrales góticas poniendo la eternidad al alcance humano. El lugar gótico es como una sinfonía habitable en la que cada elemento se distingue por sí solo pero a la vez se integra en una perfecta armonía con el todo; es también un poema perfecto al que nada falta y nada sobra.

¿Quién concibió esos magníficos espacios góticos? ¿Cómo se definieron sus pautas de composición, diseño y construcción? ¿Por qué en menos de 150 años el "impulso edilicio gótico" se propagó por toda Europa y movió más piedras que en los 3500 años en que se construyeron las pirámides egipcias? ¿De qué manera se constituyó y consolidó esa fuerza constructora que ocupó a buena parte de las comunidades posmilenaristas del mundo occidental?

Más allá de múltiples respuestas a lo anterior, aportadas ya por muy valiosos análisis historiográficos y tratadistas, sólo existen algunos estudios parciales que se ocupan del trasfondo filosófico de la arquitectura, esto es, de los propios supuestos morfogenéticos, de su esencia, del análisis de las personas que la concibieron y realizaron, y del verdadero significado del parteaguas que marcan algunos edificios en la historia, como la catedral gótica.

El resultado de esta indagación concluye en un método teórico de análisis que intenta ser aplicable a otros objetos arquitectónicos; de hecho, este trabajo es el primero de una serie de análisis sobre el trasfondo filosófico de otros objetos arquitectónicos significativos en la historia. Intentamos en este trabajo una mirada distinta a la catedral gótica, edificio que marca un parteaguas singular en la historia de la arquitectura y que, al ser tan elocuentemente enciclopédico en sí mismo, invita a distintas lecturas; sea ésta una más de ellas.

Para introducirnos en el trasfondo filosófico de una obra de arte, en nuestro caso arquitectónica, se hace necesario acudir a otras fuentes humanísticas, filosóficas y literarias para dejar de mirar la arquitectura desde ella misma y apreciarla integralmente, a distancia y en profundidad. En efecto, el conocimiento del trasfondo filosófico de la arquitectura nos permite comprender una habitabilidad total, esto es, cualitativa y cuantitativa, espiritual y matérica, que en palabras de Kant permite vivenciar:

> ...el estupor o especie de perplejidad que se apodera de un espectador a su entrada por primera vez a... [una catedral]. Pues aquí es un sentimiento de la disconformidad de su imaginación con la idea de un todo, en donde la imaginación alcanza su máximo, y, en el esfuerzo por ensancharlo, recae sobre sí mismo, y, mediante todo esto, se sume en una emocionante satisfacción...[1]

El libro está organizado en siete capítulos; el hilo conductor parte del contexto sociohistórico al que pertenece la catedral gótica para desde ahí incluir la ideología, las costumbres y tradiciones, los ritos, las personas que conciben y detonan el proceso edilicio, la voluntad creativa a la que obedece, la poética espacial y la estética geotemporal particular.

La arquitectura es mucho más que su materia: la arquitectura palpita, está viva, es profundidad, es una segunda piel, es la manifestación de la esencia espiritual del hombre y también del potencial de cocreación con el que fue dotado, tal como nos lo dice El Maestro, Johannes Eckhart:

> ...un poco más de la imagen del alma... esta imagen es expresión de sí misma sin la voluntad ni el conocimiento...

---

[1] E. Kant, *Crítica del juicio*, § 26, p. 154.

cuando una rama brota de un árbol, lleva tanto el nombre como la esencia del árbol. Aquello que brota es lo mismo que permanece adentro, y aquello que permanece adentro es lo mismo que brota. Así pues, la rama es la expresión de sí misma. Lo mismo digo de la imagen del alma. Aquello que sale es lo mismo que permanece adentro, y aquello que permanece adentro es lo mismo que lo que sale.[2]

María Elena Hernández Álvarez

[2] J. Eckhart, *Tratados y sermones*, Barcelona, EDHASA, 1983, sermón XVI, pp. 401-402.

I

CONTEXTO SOCIOHISTÓRICO EN EL QUE SURGE LA ARQUITECTURA GÓTICA

Las catedrales góticas se originaron en la Europa occidental de los siglos XII, XIII y XIV, precisamente en lo que se conoce como Baja Edad Media. El fenómeno gótico surge en Francia y en sus inicios es conocido como *opus modernum francigerum*[3] o estilo moderno francés.

Para comprender el contexto en el que comienza la catedral gótica es necesario dar aquí un recorrido general sociohistórico de la Europa occidental de la Edad Media, destacando algunos de los acontecimientos más relevantes de la Europa de los siglos IX a XIV.

Los años en los que se construyeron los edificios góticos pertenecen al tiempo que el mundo del Renacimiento denominó como la "edad del oscurantismo"; los renacentistas únicamente dieron valor al mundo de la antigüedad clásica al considerar los siglos que los separaban de ella como siglos de estancamiento o de absoluta decadencia. El tiempo entre la antigüedad clásica y el Renacimiento fue denominado por los renacentistas como la Edad Media, es decir, el tiempo medio que separaba ambas etapas. Así, el valor de la Edad Media no fue reconocido sino hasta ya pasado el Renacimiento, cuando se reconoce que la Edad Media no tuvo nada de oscurantismo, de estancamiento o de decadencia. Son esos siglos los momentos en que se fija el punto inicial de una confrontación cuyo término es precisamente nuestro propio siglo XX.[4]

Uno de los primeros en entender profundamente el medievo fue Giambattista Vico, cuyo profundo espíritu especulativo permitió por primera vez mostrar la esencia de ese periodo.

[3] H.W. Janson, *Historia general del arte*, p. 498.
[4] J. Gaos, *Historia de nuestra idea del mundo*, p. 15.

Según Vico, a la Edad Media se le entiende como un retorno o vuelta a la "barbarie" heroica de la edad homérica; señala que en ese periodo se da el antiquísimo pensamiento oriental en cuanto al "eterno círculo", el que luego resurgirá con Goethe en su famosa expresión del "desarrollo como una espiral ascendente en la que se retorna al pasado, pero cada vez en un grado más elevado".[5] Así, el mundo de la era cristiana abandona la cultura clásica antropocéntrica para comenzar un largo periodo teocéntrico.

La Edad Media en Occidente comprende básicamente dos grandes etapas: la Alta Edad Media y la Baja Edad Media. El límite entre ellas, y aun su comienzo y terminación, no tiene una fecha precisa y es a posteriori que se determinan los hechos que las delimitaron. Se considera que la primera de estas dos grandes etapas medievales comenzó con la caída del Imperio romano y con la instauración por Teodosio en el año de 380 de la religión cristiana como la oficial de su Imperio. La Baja Edad Media se inicia con la caída del feudalismo, con el milenarismo, con la gran hambruna del año 1033 y con el cisma de Occidente del año 1053.

En los primeros años de vida del cristianismo como religión oficial del Imperio de Constantino dejaría ésta de vivir en la oscuridad de las catacumbas y utilizaría para sus ritos y para la instauración de sus tradiciones muchos de los recintos del antiguo Imperio romano. Tal es el caso, por ejemplo, de las basílicas romanas que por muchos años serían los centros de reunión cristiana.

En los comienzos de la Edad Media, el mundo parece agrandarse, dominado por un cielo infinito, profundo, que cobija al ser humano y que da respuesta a las principales y constantes interrogantes de su existencia. Así, todo el pensamiento medieval se define orientado hacia lo alto, nunca hacia la tierra. En este esquema ideológico, el neoplatonismo de Plotino, que abarcaría

---

[5] J. von Schlosser, *El arte de la Edad Media*, p. 33.

la filosofía pagana en su pensamiento, fundamentaría buena parte de la filosofía teocrática medieval.

Partiendo de estas ideas, en el mundo de la Alta Edad Media no existió ya una "polis" a la manera clásica: la humanidad se presentaba como conjunto universal en donde el término "católico" acuñaba la universalidad.[6]

En este contexto de los primeros cuatro o cinco siglos de nuestra era, y bajo el esquema del pensamiento católico, existía únicamente el hombre espiritual. Es evidente que esto creó un dualismo profundo que dividió a los hombres de esos siglos en creyentes y no creyentes. Aun así, el catolicismo, o Iglesia universal, daría también la posibilidad de que todo individuo formase parte de esta nueva Iglesia; la invitación la había hecho Jesús a la humanidad entera. Los no creyentes, que no conocían la palabra de Jesús, eran considerados en primera instancia paganos pero siempre tendrían las puertas abiertas la Iglesia católica. Esto no era así para los que sí conocían la palabra de Jesús pero rehusaban someterse a la jerarquía del obispo de Roma; a ellos se les dio el nombre de herejes y la Iglesia católica los enfrentaría con distintos instrumentos —uno de ellos sería la

---

[6] En los primeros siglos de nuestra era, el cristianismo se expandió desde Jerusalén hasta diversas regiones del norte de África, el Mediterráneo y Europa continental. Los grupos se organizaron alrededor de obispos y cada uno de ellos fue dando un tinte personal de interpretación a la palabra de Cristo. Así, el obispo de Roma era también considerado como una secta más, y entre los grupos había fuertes diferencias y rivalidades. No nos ocupa aquí profundizar en estas luchas entre los obispos, sin embargo, cabe mencionar que el mundo de Occidente finca sus raíces en la Iglesia de Roma, posteriormente llamada católica. Las catedrales góticas serían producto de la mística de esta línea católica, la cual, en los siglos venideros, daría al papa en el Vaticano un poderoso lenguaje que unificó, en un lapso muy breve, la mayor extensión de territorios europeos desde el Imperio romano. En efecto, la Iglesia católica pretendía desde sus comienzos unificar y propagar el reino de Dios a todos los pueblos, justificando con esto el significado del término católico, o sea "universal".

terrible Inquisición— y hasta las últimas y más crueles consecuencias.

En esos tiempos duales se encarnó una potente personalidad: san Agustín (siglo V).[7] Con su libro Ciudad de Dios, Agustín marcó de manera medular el pensamiento medieval. Con influencias claras de Plotino y de Dionisio, definió de manera contundente la meta del hombre al final de los tiempos; concluye que la única tendencia del hombre debe ser hacia el Dios cristiano y hacia lo espiritual. La obtención final del eterno paraíso celeste, exaltado por san Agustín, conmovió profundamente por más de un milenio a las almas del mundo occidental. Por lo tanto, desde estas bases ideológicas, el texto básico medieval fue la Sagrada Escritura. A partir de Agustín, la Iglesia del obispo de Roma, es decir la católica, se dedicaría a predicar el evangelio desde su propia interpretación y con ello también a unificar la cristiandad del mundo conocido. Todos los elementos de cohesión posibles fueron capitalizados por el catolicismo para estos fines. Así, la Iglesia impondría el latín como lengua oficial, igualaría las reglas de sus monjes, definiría su propia jerarquía interna, unificaría el lenguaje plástico, arquitectónico y literario, regularía las costumbres, la moral, los ritos y aun la sexualidad.

Para que todos los rituales se llevasen a cabo de manera comunitaria, los espacios que se utilizaron fueron las basílicas romanas, las cuales, ya avanzada la Alta Edad Media, evolucionarían hasta definir un estilo románico. Este estilo edilicio se fue sofisticando y enriqueciendo hasta el siglo XII, en que comienza el tiempo de las grandes catedrales góticas.

El mundo cristiano de la Alta Edad Media evolucionaba desde sus orígenes hacia el encuentro con el año 1000, en que se suponía vendría el fin del mundo. Además, tras la muerte del emperador Carlomagno, la monarquía comenzaría su decadencia

---

[7] El mismo san Agustín perteneció a una de las herejías dualistas; después se convirtió al catolicismo y, junto con santo Tomás, fue uno de los pilares principales de la teología católica.

y con ello el poder terrenal del papa de Roma se iría fortaleciendo aún más. En esos tiempos premilenaristas se desencadenaron también los miedos por la llegada del año 1000: la comunidad, en espera del fin del mundo, entregaba a la Iglesia grandes fortunas terrenales con objeto de ganar el cielo. En efecto, nobles, ricos y pobres que murieron algunos años antes del año 1000, y aun quienes vivieron en la primera mitad del siglo XI, tenían el imperativo de conquistar la vida eterna por medio del sacrificio de sus bienes en esta vida terrena.

Una vez pasado el año 1000, es decir, ya resuelto el espíritu milenarista, la Iglesia católica, que había atesorado grandes propiedades y bienes materiales, se muestra incongruente, sumergida en lujos y confort material, lo que desencadena inquietudes por parte de gobernantes, místicos e intelectuales y comienzan a cuestionar al catolicismo. Surge entonces una potente reacción contra los lujos excesivos de la Iglesia, particularmente hacia los cluniacenses, monjes que controlaban casi totalmente la riqueza y a la Iglesia de esos tiempos.

Una de las reacciones más fuertes fue la de Bernardo de Claraval, hombre de extraordinario ímpetu que, junto con sus compañeros cistercienses, logró transformar el pensamiento de la Iglesia de esos tiempos. En Bernardo, el pensamiento cristiano, basado sustancialmente en las ideas de san Agustín, se fortalecerá de nuevo y convergerá en las tres magníficas obras enciclopédicas que dan cierre a los tiempos prerrenacentistas: la Suma teológica de santo Tomás, La divina comedia de Dante y la catedral gótica, suma de piedra.

Las tres magnas obras mencionadas nos son tangibles mediante diferentes lenguajes:

1. La obra verbal científica de la Suma teológica de santo Tomás de Aquino, redactada entre 1266 y 1273.

2. La obra verbal literaria en La divina comedia de Dante, compuesta entre 1314 y 1320.

3. La obra no verbal artística en la catedral gótica. El siglo de las grandes catedrales comprende entre 1150 y 1250, aproximadamente.

La primera catedral gótica se construyó en Francia, en un principio como un fenómeno local. Desde aquí, específicamente desde la L'Ile-de-France, y a partir de 1150 el arte gótico se expandiría a toda Europa y en tan sólo un siglo se habría difundido ampliamente por todo el territorio occidental conocido. En este corto lapso, los constructores de las grandes catedrales góticas movieron y emplearon cantidades de material y de mano de obra muy superiores a las que se utilizaron para construir durante más de mil años las pirámides de Egipto.

Una gran interrogante surge aquí: ¿qué espíritu se posesionó de prácticamente toda la comunidad europea occidental para unificarse en la edificación de un mismo lenguaje edilicio y cómo es que un pequeño grupo de hombres definió, en un tiempo muy breve, un nuevo y común lenguaje arquitectónico europeo? Y es que el "fenómeno gótico", llamémosle así, significa un singular parteaguas en la historia de la arquitectura, que comienza entre 1150 y 1200 y continúa hasta 1348, cuando sobrevino la primera gran peste que desoló a Europa.

Al terminar la gran hambruna de 1033 y resolverse la cuestión del espíritu aterrador milenarista, se produjo un considerable aumento poblacional en Europa. La gente asumió que el mundo no había terminado en el año 1000 como se predijo. El orden feudal prevaleció aunque en los feudos mismos crecían los burgos y atraían a la gente del campo en busca de mejores oportunidades; fue así como nacieron las primeras ciudades europeas. En ellas había una creciente demanda de servicios y de construcciones adecuadas al nuevo periodo.

Una entusiasta explosión de vida se hizo presente en toda Europa. Ésta es la Baja Edad Media, tiempo de grandes cambios, de numerosas invenciones, de aprendizaje del mundo musulmán,[8] del surgimiento del pensamiento humanista en hombres como Abelardo y en mujeres como Eloísa; es el tiempo en que surgieron las logias de masones; el hombre se sentía capaz de pensar y regularse por sí mismo.

Ya avanzado el siglo XII, la economía en Europa está en su apogeo gracias la rotación de los campos, que permitió una máxima y próspera evolución de la agricultura. El alimento era abundante. Luis VII, llamado el Gordo, se convirtió en el protector de la clase trabajadora. Su esposa, Leonor de Aquitania, hija de Guillermo IX, fue una mujer rebelde, intelectual, apasionada, que impulsaba la cultura y era muy cercana a Bernardo de Claraval y a Suger, ambos personajes clave en la instauración del edificio gótico en Occidente.

En este próspero siglo XII surgieron también en Europa las primeras universidades. En ellas se definieron el trivium (gramática, retórica y dialéctica) y el quadrivium (geometría, aritmética, música y astronomía) de san Agustín[9] como pautas académicas. Asimismo, se fortaleció la escritura carolingia que restablecería la comunicación mediante un mismo alfabeto. Es ésta la época de las cruzadas, de los caballeros, de las grandes peregrinaciones y también de la Inquisición. Gran actividad acontecía en la Europa de la Edad Media; se vivía un agitado y tumultuoso ambiente en el que la Iglesia tenía un papel preponderante imponiendo su moralidad comunitaria.

La revolución técnica es especialmente importante en esos años porque el espíritu de búsqueda y vitalidad se volvió incontenible y transformó por completo a la sociedad. En mucho, el siglo XII podría parecerse al XX. Y como la mano de obra escaseaba, se buscó la manera de sustituirla. La fuerza hidráulica despertaba una particular fascinación medieval: se construyeron molinos de agua y en los estuarios se usó la fuerza de las olas del

---

[8] Pedro el Venerable realizó la traducción del Corán en esos tiempos.
[9] J.P. Bayard, *El secreto de las catedrales*, p. 36.

mar, equivalentes a modernas plantas maremotrices. Se inventó el árbol de levas, el molino de viento, el torno, el péndulo; se mejoró el arreo del caballo y el estribo (empleado ya por los árabes) se impuso en toda Europa, así como el tenedor, las estufas de carbón para calentar las viviendas, etc. Todo esto floreció en esos siglos que, paradójicamente, el Renacimiento llamaría de "absoluta decadencia y oscurantismo".

En los siglos XI, XII y aun el XIII, la economía estaba saneada y el pueblo era prácticamente feliz; las guerras sangrientas no retornarían sino hasta mucho tiempo después. La Europa de los siglos XI, XII y XIII fue alegre, agitada, creativa, de economía boyante.[10] La humanidad de esos tiempos estaba ávida y propicia para que la Iglesia avanzase en su predicación y lograra, más que nunca, una cohesión muy importante. Muchos de los hombres que vivieron en ese posmilenarismo entregaron su vida, su creatividad y sus recursos al grupo católico. Nunca antes la Iglesia tuvo tanto poder espiritual ni tantos recursos humanos a su servicio, por lo que procuró instalar una identidad mundial con propósitos unificadores, y para alcanzar este objetivo católico el arte gótico resultó una de las herramientas más importantes de cohesión; el arte gótico sembró, cultivó y expandió un repertorio edilicio cristiano común. Así, la cristiandad logró con el lenguaje plástico gótico lo que la teología con la escolástica y con su intento de imponer el latín como el idioma universal católico.[11]

En la catedral gótica nos encontramos, inconfundiblemente, ante una sistematización histórica unificadora, y esto fue precisamente la intención de quienes la edificaron; en ella está presente, de una u otra manera como lo iremos viendo, toda la

---

[10] Sobre todo para la Iglesia, que no permitía que el cristiano especulase con su dinero. El papa León I (604 d.C.) había declarado que el interés por el dinero era la muerte del alma; decía que el cristiano debía mostrarse muy generoso en sus dádivas a la Iglesia y, de esta manera, garantizaría la obtención de dones por haber edificado una iglesia.
[11] L. Benévolo, *Introducción a la arquitectura*, p. 127.

comunidad de su tiempo. En esa sistematización se tiene la idea del mundo como los cristianos lo proponen, desde un punto de vista vertebral, es decir, a partir de una sucesión de hechos que se dan una sola o única vez, desde la creación y hasta la consumación de los siglos en el juicio final, en el que solamente permanecerán el Cielo y el Infierno.

En su definición conceptual, la catedral gótica pretende dar la idea de habitabilidad en la Nueva Jerusalén, que será el paso de la tierra al cielo, y es por ello que todo el repertorio edilicio se elige para estructurar esa ruta existencial ideológica.

Además, en el lenguaje arquitectónico del gótico se trató también de evidenciar el dominio sobre las "acechanzas del demonio",[12] siempre presente en toda la historia de la cristiandad. Así, la población europea del posmilenarismo, necesitada de cobijo, esperanza y sentido de vida, encontró en la actividad gótica la plena satisfacción y orientación de sus necesidades materiales y espirituales.

Ahora bien, para comprender la vigencia ideológica del gótico es necesario indagar en su paternidad originaria, de la cual se conocen interesantes especulaciones, mismas que a continuación se presentan.

---

[12] En la época de las grandes catedrales, las acechanzas del demonio eran, entre otras, la mujer, el enfermo, el loco, la herejía, el extranjero, lo musulmanes, "lo otro", los maleficios y adivinaciones, los aparecidos, la noche, la peste, etc. Buena parte de estas acechanzas son entendidas como los miedos de Occidente, según lo afirman Jean Delumeau en *El miedo en Occidente* y Georges Duby en *Año mil, año dos mil, la huella de nuestros miedos*.

II

ESPECULACIONES ACERCA DEL ORIGEN DEL EDIFICIO GÓTICO

En cuanto a la paternidad del gótico, existen interesantes especulaciones. En este estudio se toman en cuenta cuatro de ellas, las cuales, lejos de ser excluyentes, se complementan.

1. La primera afirma que el origen preciso del gótico lo definió Suger, el abad de la catedral de Saint Denis en L'Ile-de-France.

2. Una segunda propuesta, sostenida por los funcionalistas, pretende demostrar que el gótico es únicamente, y sin dejar de ser audaz, un resultado normal y progresivo de la ingeniería arquitectónica de la época. En efecto, ellos consideran que el avance tecnológico logró sustituir los pesados macizos románicos por los apoyos clave en los puntos críticos del edificio, lo que permitió una economía matérica que, además, ocasionó una altura innovadora y la consecuente penetración de la luz a los templos.

3. Una tercera propuesta afirma que el origen ideológico y morfogenético del gótico fue definido por el pensamiento de san Bernardo, monje cisterciense del siglo XII y defensor de la ortodoxia de su tiempo. Esta ideología marcó con precisión matemática la mística espacial de la catedral gótica.

4. Finalmente, una cuarta especulación acerca del origen del gótico comenta que de la confusa ornamentación nórdica germana parte una línea subterránea que conduce al arte refinado de la arquitectura gótica; esta ornamentación, según

Worringer, es la esencia de la voluntad morfogenética gótica.[13]

Las cuatro propuestas coinciden en que el lugar geográfico donde surge el gótico es precisamente L'Ile de France. Partiendo de impulsos distintos y aun opuestos, los cuatro posibles orígenes del gótico coinciden en una verdad común: los elementos fundamentales de la arquitectura gótica, tales como la luz, la proporción y el manejo de los materiales de construcción, deberían resultar en una monumental y eterna obra de arte que conmoviera el corazón de cuantos experimentasen su espacialidad. Analicemos por separado cada una de las distintas especulaciones acerca del origen del gótico. Esto ayudará a ampliar la apreciación de esta magna obra medieval y a comprender el sentido subjetivo que es objeto del presente trabajo.

---

[13] W. Worringer, *La esencia del gótico*, p. 66.

PRIMERA PROPUESTA
El abad Suger y la catedral de Saint Denis

La primera manifestación gótica surge en 1148 con la reconstrucción de la abadía de Saint Denis. Esta población se encuentra a unos cuantos kilómetros de París.

En ese tiempo existían fuertes lazos entre la monarquía francesa y el abad de Saint Denis, Suger, quien supo aprovechar toda su influencia en los gobernantes y también en los acontecimientos históricos acaecidos en Saint Denis, lo cual darían a esta abadía el carácter de centro religioso regional. Desde el año 987 d.C., en que muere el último monarca de la dinastía carolingia, el poder de la corona se veía amenazado por nobles y vasallos y el rey gobernaba casi únicamente en su pequeño territorio de la L'Ile-de-France. En ese contexto de rivalidades, hacia los primeros años del siglo XII gobernaba Luis VII; su consejero principal era el abad de Saint Denis, un hombre llamado Suger. Es importante mencionar de nuevo que la primera esposa de Luis VII fue Leonor de Aquitania, heredera de Guillermo IX de Aquitania, reino poderoso en donde la cultura y la libertad de pensamiento eran cotidianas. Leonor, inquieta y rebelde, seguramente sostuvo largas entrevistas con Suger, a quien el rey dejó como regente cuando se ausentó para encabezar personalmente una de las cruzadas.[14]

---

[14] A la segunda cruzada, Luis VI se llevó, casi por la fuerza, a Leonor, a quien no le concedía la confianza de dejarla en Francia. De todos modos, Leonor se las arreglaría para tener aventuras amorosas con su tío, el rey Raymundo. Finalmente, Luis VII la repudiaría con el pretexto, muy usado por la Iglesia católica, de crear o destruir alianzas y vínculos entre los poderosos con el propósito de ir fortaleciendo su poder terrenal. Por otro lado, falta imaginar a Eloisa, mujer intelectual y extraordinaria compañera de Abelardo, presente en los planes de Suger para el fortalecimiento de Saint Denis como centro de las peregrinaciones europeas de esos tiempos. G. Duby, *Mujeres del siglo XII*, pp. 15-38 y 73-109.

Suger, hombre audaz y ambicioso, pretendía consolidar de manera definitiva la alianza entre la Iglesia y la monarquía, ya que al conferir a la realeza la dignidad religiosa unificaría la nación y restauraría con ello la tradición del gran Carlomagno. Retomar esa mística carolingia implicaba erradicar toda rivalidad entre ambos poderes e ir aún más allá de lo que alcanzó Carlomagno. Cuando Carlomagno fue coronado por el papa de Roma, simbolizando así el poder de Roma sobre todo poder terrenal, el emperador, una vez que el papa colocó la corona sobre su cabeza, se la quitó y se la volvió a colocar, simbolizando con ello que el poder como emperador se lo confería su linaje y no el papa.

Suger, además de ambicioso era astuto y no pretendía subrayar aquellas rivalidades entre poderes, sino unificarlos bajo otros fines. Y en efecto, al imperio de Luis VII le convenía mucho atraer la economía hacia Saint Denis; en ese sentido, la Iglesia católica se encontraba en un momento histórico particular que debía considerarse. Grandes peregrinaciones podrían dirigirse a Saint Denis, detonando con ello una importante economía local y regional. La arquitectura sería un factor determinante en esto, y particularmente la arquitectura religiosa.

Así, los proyectos de Suger estaban dirigidos a reafirmar todo lo anterior y además contaba con los recursos ideológicos y materiales para conseguirlo. El detonante era la abadía de Saint Denis, ya que en ella reposaban nada menos que los restos del protector de Francia, Carlomagno, los de su padre, los de Pipino, los de Carlos Martel y los de Carlos el Calvo; todos estos monarcas habían sido coronados en Saint Denis.

Suger se encaminó a convertir su abadía en el centro espiritual de Francia, en la meta de todas las peregrinaciones del mundo europeo de sus tiempos.

Los factores que consolidaron este centro espiritual en Saint Denis partieron de un milenarismo resuelto, del fracaso de las cruzadas y de la defensa contra la progresiva infiltración de la herejía dualista. Así, tanto el obispo de Roma como la población europea cristiana en general estaban ávidos y necesitados de santuarios.

Por otro lado, en esos tiempos posmilenaristas era imposible viajar a Jerusalén, ya que se encontraba bajo el dominio de los turcos. Evidentemente, las peregrinaciones y cruzadas, además de satisfacer la misión espiritual de cohesión posmilenarista, eran un fuerte detonante de la economía de las poblaciones en las rutas hacia la Ciudad Santa. Bajo estas circunstancias, era necesario rencauzar esas peregrinaciones y fue así que comenzaron a surgir en toda Europa reliquias de santos. La competencia de las reliquias era muy importante en algunos sitios, particularmente en Santiago de Compostela, sitio en que se suponía habían encontrado los restos del apóstol Santiago.

Quienes verdaderamente comprendieron que el ser humano posmilenarista necesitaba intrínsecamente paz espiritual, certeza, cobijo, sentido existencial y protección contra las acechanzas del demonio se convirtieron en líderes detonadores de su economía local y productores y custodios de un marco cultural e ideológico propicio para un lenguaje cohesionador.

El abad Suger era una de estas personas, profundamente conocedoras de su tiempo, y es por ello que logró conseguir tanto el apoyo del poder real como el de la población y así edificar un maravilloso espacio arquitectónico que brindaría satisfacción a las demandas espirituales de la comunidad de su tiempo. El punto de partida fue reconstruir y ampliar su abadía de una manera grandiosa; no escatimó en costos, en materiales, en mano de obra. De Inglaterra llamó a arquitectos que experimentaban con nuevas tecnologías de construcción,[15] pero que a su vez aprovechaban los sistemas románicos.[16]

Para el abad de Saint Denis, en su apasionada búsqueda por concretizar el pensamiento posmilenarista de su comunidad teocéntrica, lo más importante era lograr dos aspectos innovadores y fundamentales que mostrarían esa mística:[17]

1. La armonía, es decir, el perfecto parentesco entre las partes y el todo, como proporciones matemáticas en un intento por poner de manifiesto las leyes según las cuales Dios ha edificado el universo.

2. La milagrosa luz, la cual inunda los templos como la "Sacratísima Luz Divina". Esta iluminación es la mística revelación del espíritu.[18]

Estos dos conceptos estaban arraigados en el pensamiento cristiano desde Dionisio el Areopagita,[19] discípulo ateniense de

---

[15] Hay quienes han hecho interesantes paralelismos entre los diseñadores de las estructuras góticas y los temerarios diseñadores de los rascacielos del siglo XX, según lo leemos en H.W. Janson, *op. cit.*, p. 500.
[16] De hecho, la bóveda ojival, el arco apuntado y la forma de la planta fueron utilizados previamente en el románico.
[17] H.W.Janson, *op. cit.*, p. 502.
[18] En esta sociedad teocéntrica, la luz representa a Dios.
[19] Conocido como "Pseudo Dionisio", siglo V, d.C. Aunque no es motivo del presente estudio, valdría la pena incluir, al menos al pie de página, algo acerca de Pseudo Dionisio. Su pensamiento fue un elemento particularmente trascendente en la teología cristiana y particularmente en Suger y, por lo mismo, en el gótico. No se conoce con exactitud el tiempo en que vivió Dionisio, quien es un pensador de gran importancia cuando se aborda el tema del éxtasis: "Al caer en un silencio absoluto e inhibición de la inteligencia, se va uno contrayendo, según el ritmo de la ascensión hasta que, consumada ésta, enmudezca por completo y se una totalmente con el Dios inefable", y también de la "intuición teológica" como el medio superior para conocer a Dios: "Nos unimos a las realidades inefables y desconocidas de un modo inefable y desconocido, con esa unión que supera toda capacidad y

---

san Pablo. Y fue así como la luz se convirtió en el símbolo principal que representaba a Dios.

Por otro lado, para Suger el pensamiento y la vida de san Dionisio el Areopagita[20] fueron pilares importantes que sustentarían el proyecto que comenzaría con su abadía, la revolucionaria actividad gótica. En efecto, en Francia se cultivó la devoción a san Dionisio de una manera verdaderamente grandiosa, incluso lo eligieron como su protector nacional. San Dionisio era venerado en Saint Denis y el abad Suger no dudó en aprovecharlo, y es un hecho que la intención plástica de Suger era precisamente la de traducir las palabras, verbales y escritas, de Dionisio en palabras de espacio y piedra. Así, el reto era concretizar en un lenguaje arquitectónico el símbolo de la teología dionisiana. Eligió al "mejor" arquitecto de la escuela normanda, un hombre que conocía a la perfección los métodos constructivos empleados hasta entonces y que además había

---

poder de nuestro razonamiento o de nuestra intelección; aspirando a esa luz inaccesible sólo en el grado en que se nos comunique ese rayo de las Escrituras a que nos dispone, en virtud de cierta sobriedad y santidad, a contemplar esos resplandores de las realidades divinas". [Clemente Fernández, *Los filósofos medievales*, Madrid, B.A.C., 1979, pp. 496-497, 523].

Dionisio recupera la tradición griega para, a partir de ella, hacer una teología cristiana-griega. La teología de Dionisio tiene por objeto estudiar los atributos de Dios por dos vías:

- La "katafatiké", que consiste en atribuirle a Dios las cualidades de las criaturas en grado sumo; de este modo Dios es el modelo absoluto de perfección.
- La "apofatiké", que consiste en excluir de Dios las imperfecciones de las criaturas.

---

[20] Es pertinente hacer la aclaración de que, bajo el nombre de Dionisio, el ateniense del siglo I, corrieron los escritos de un autor del siglo V, de ahí que lo llamen el Pseudo Dionisio. El Dionisio venerado en Saint Denis, Francia, es el primero; las ideas las escribió el segundo.

entendido con toda precisión las ideas del abad. Según Janson: "Ambos crearon el estilo gótico".[21]

Saint Denis, de ser una abadía en una pequeña comunidad monástica agrícola, se convirtió, gracias a Suger, en el primer centro de actividad peregrinatoria mayor en Francia. Sin embargo, la arquitectura gótica muy pronto tendría su gran auge en las ciudades.

Hacia 1145, el obispo de Chartres, amigo de Suger y que compartía sus ideas, comenzó a reconstruir su catedral en el nuevo estilo gótico. Y aunque cincuenta años más tarde un gran incendio destruyó casi todo el templo de Chartres, la mística gótica era ya semilla fecunda en el espíritu de otros abades católicos. La segunda reconstrucción de Chartres se llevó a cabo entre 1194 y 1220 y fue tan grandioso el resultado que se le considera como el arquetipo del arte gótico. El mismo Victor Hugo considera a Chartres como el pensamiento de la Edad Media hecho visible.

Suger, con todo el apoyo real, con su apasionada sed de trascendencia, con un liderazgo inaudito y tenaz logró soñar y concebir el espacio gótico y así integró todos los elementos que reunirían en su abadía la maravillosa mística espacial gótica de luminosidad y armonía.

La temeraria tecnología constructiva promovida por él y propuesta por los mejores edificadores de su tiempo ha quedado manifiesta en un sublime testimonio: las catedrales góticas. En ellas, las grandes alturas, los muros esbeltos y con vanos permitieron que Suger, específicamente en Saint Denis, lograra correlatar la teología dionisiana y agustiniana.

Para finalizar esta primera propuesta del origen del gótico, he aquí las palabras del mismo Suger acerca del espacio logrado en Saint Denis:

---

[21] H.W. Janson, *op. cit.*, p. 503. Se desconoce la identidad del arquitecto, ya que en esa época el promotor, en este caso Suger, era el conocido.

Cuando –fuera de mi deleite en la belleza de la casa de Dios– el encanto de las piedras multicolores [los vitrales] me lleva lejos de las cuitas externas, y la misma meditación me induce a reflexionar transfiriendo aquello que es material en aquello que es inmaterial, sobre la diversidad de las virtudes sagradas; entonces me parece verme habitando, como si estuviera allí, en una extraña región del universo, que ni existe enteramente en el cielo de la tierra, ni enteramente en la pureza del cielo; y que, por la gracia de Dios, puede ser transportado desde este mundo inferior a aquél superior de una manera anagógica.[22]

---

[22] S. Kostof, *op. cit.*, p. 581.

SEGUNDA PROPUESTA
Los funcionalistas y la evolución tecnológica

Los "funcionalistas" otorgan la autoría del gótico a una simple y lógica evolución tecnológica. Fue Viollet le Duc[23] quien vio en el gótico la aplicación e ilustración de las leyes matemáticas; él mismo se atrevió a reinterpretarlas remodelando la catedral de Notre Dame de París, lo que para algunos fue hecho de manera irrespetuosa. Esta postura funcionalista la encontramos muy difundida en el siglo XIX, cuando se considera al gótico como el "arte del cálculo y de la ingeniería", que tomó su inspiración de lo práctico y de lo útil y cuyas formas expresan simplemente la necesidad técnica y la posibilidad constructiva de su tiempo.

Según algunos de los funcionalistas, el gótico surge en el momento preciso en que es posible sostener la bóveda ojival de crucería. Esto es el resultado lógico de los progresos de ingeniería constructiva de la época. De este modo, el edificio gótico aparece en la historia con un funcionalismo austero y como un prototipo artístico-matemático del que no se podía quitar ni añadir nada sin destruirlo completamente; es decir, nada faltaba, nada sobraba. En otras palabras, en las catedrales góticas todos los elementos operan a la sutil manera neoplatónica que buscaba, en la perfecta sencillez, la belleza superior.[24]

Para los funcionalistas, el gótico sustituye a los pesados macizos románicos pero sin llevar intención formal alguna, sino gracias a la búsqueda de una economía de material, de una mayor luminosidad interior del edificio y de mayor altura. Se ha hecho una interesante comparación por parte de algunos autores entre los constructores góticos y los de los grandes rascacielos del siglo XX. Este gozo por su ciencia constructiva es un sentimiento típico del arquitecto gótico y coincide en efecto con el criterio del constructor norteamericano del siglo XX.[25]

---

[23] A. Hausser, *Historia social de la literatura y del arte*, tomo I, p. 301.
[24] En otro capítulo de esta investigación se trata el tema de lo sublime como la perfecta sencillez.
[25] G. Nuño, *Artes nacionales prerrománicos*, p. 191.

TERCERA PROPUESTA
El pensamiento de san Bernardo de Claraval

Existe una tercera postura especulativa acerca del origen del edificio gótico, que sostiene que su lenguaje conceptual y místico le fue dado a la humanidad por san Bernardo, monje cisterciense del siglo XII.[26] En su libro *San Bernardo y el arte cisterciense*, Georges Duby intenta descubrir algunas de las concordancias entre el pensamiento de san Bernardo y las formas que procuraban darle otra expresión no verbal. Según Duby, san Bernardo, o Bernardo de Claraval, es el patrón de toda la obra cisterciense y por ende de la gótica. Este arte cisterciense es inseparable de una moral que Claraval mismo encarnaba y que él quería, a toda costa, imponer al mundo conocido de su tiempo. Todo aquello que a Bernardo le parecía que desviaba al pueblo cristiano de lo que consideraba como la vía recta lo persiguió con singular agudeza; y tal fue el caso de Abelardo, padre del humanismo, a quien implacablemente rebate y casi logra que sea excomulgado.[27]

Bernardo de Claraval fue un hombre de personalidad avasallante en la historia de la cristiandad que transformó la mística cristiana e impregnó con ello al arte gótico. Era elocuente, su arte fue el de la palabra y es particularmente en su obra máxima, *Sermones de El cantar de los cantares*, en donde se puede encontrar la gran pasión que transmitió a la cristiandad de su tiempo y que rigió la producción cultural y artística de la orden del Císter.

Bernardo de Claraval nació hacia el año 1088 en un linaje de nobleza media parte del vasallaje del duque de Borgoña. Tuvo

---

[26] Duby, Georges, *San Bernardo y el arte cisterciense*, pp. 9-13.

[27] Abelardo fue un goliardo francés contemporáneo a Bernardo y de un origen socioeconómico muy semejante al de él. A Abelardo se le considera como el padre del humanismo. Bernardo atacó duramente a Abelardo durante toda su vida.

cinco hermanos y una hermana, a quienes en su momento convenció de que abrazaran la vida monástica; tal era su poder de persuasión que incluso su hermana dejó a su marido para llevar una vida como la de Bernardo; él mismo le decía a su cuñado que sería muy egoísta de su parte si no entregaba a su hermana al servicio de Dios. Aun el padre de Bernardo fue atraído por él e ingresó en su comunidad para dedicar sus últimos años a la pasión de su hijo.

En su juventud tuvo la oportunidad de recibir educación caballeresca, la cual lo moldearía de una manera muy importante. Fue un hombre extraordinariamente combatiente, duro, apasionado, de hazañas titánicas y de verdaderas proezas contra la herejía, una de las acechanzas del demonio de su tiempo. Ése era Bernardo. Siempre en pie de guerra, siempre listo al llamado de lo que él consideraba como el camino de Cristo.[28] Versátil, exuberante, incansable líder; su hermano Gerardo escribió sobre Bernardo que:

Nada escapaba a su competencia, la arquitectura, la horticultura, la agricultura, dirigía bien a carpinteros, albañiles, jardineros, zapateros y tejedores.[29]

Y a cada "oficio" le infundía la misma mística:

Si hay canto que sea pleno de gravedad, ni lascivo ni rudo. Que sea dulce sin ser ligero, que agrade al oído a fin e conmover al corazón, que calme la cólera, que no vacíe el texto de su sentido, sino que por el contrario, lo enriquezca.[30]

---

[28] Funda también la orden de los templarios. Lleva la caballería a los monasterios.
[29] G. Duby, *op. cit.*, p. 77.
[30] *Idem.*

San Bernardo no fundó la orden del Císter pero fue el artífice de su éxito. A la edad de 25 años se convierte en abad de la abadía cisterciense de Claraval, de ahí el sobrenombre por el cual es conocido. Se promulgó contra el lujo de la Iglesia, contra la herejía que se sembraba al sur de Francia, contra un papa mal elegido, contra las cruzadas, contra las tentaciones de poder de la curia romana, contra el fastuosismo de los obispos. Incansablemente atacó la moral que se apartaba del progreso de Cristo.

Con este hombre, tan extraordinariamente dotado de pasión por su ideal, se marcó un parteaguas en el pensamiento cristiano de su tiempo. Por él todo asunto político, administrativo y teológico de la Iglesia se conmovería, se replantearía y, evidentemente, ello repercutiría directamente en la manera de concebir, comprender y habitar los espacios arquitectónicos que la comunidad cristiana requería para todas sus actividades, es decir, abadías, iglesias y catedrales.

Antes de que Bernardo impusiese su característica "solemne austeridad", la Iglesia católica realizaba sus ritos en un entorno de lujo, extravagancias y resplandores, rebajándose con ello, según Bernardo, a manifestar la omnipotencia de Dios mediante los mismos signos de poder que los soberanos terrestres: la ostentación de un tesoro, la amplitud y majestad de una morada, etcétera. Estas costumbres ostentosas que la Iglesia había adoptado, particularmente de los cluniacenses, aun sin ser consideradas negativas en tanto significaban la ofrenda y el sacrificio que los hombres daban a Dios, fueron radicalmente cuestionadas por Bernardo e incluso erradicadas del culto para sustituirlas por la mística fundacional cristiana. Así, a partir de san Bernardo, las celebraciones quedarían impregnadas de otra mística ritualista, austera, y no por ello menos solemne.

También criticó abiertamente la postura opulenta, en particular de los cluniacenses cuando señaló:

> La inmensa altura de vuestras Iglesias, su inmoderada longitud, su superflua amplitud, su suntuosa decoración y sus extrañas imágenes que atraen las miradas de los fieles y

estorban su devoción... ¡Oh, vanidad de vanidades, tan vana como insana!... La Iglesia tiene unos muros resplandecientes pero sus pobres están en la miseria; ella viste sus piedras de oro y deja a sus hijos desnudos; alimenta el ojo del hombre rico a expensas del indigente.[31]

Bernardo no estaba contra el dinero, el Císter no tenía "voto de miseria". La Regla de san Benito, su fundador, les permitía manejar fondos para subsistir y aumentar el número de abadías, pero san Bernardo rechazaba la opulencia y el lujo excesivo que impedían el crecimiento y la expansión del reino de Cristo. Así, los monjes cistercienses, trabajadores muy disciplinados, eran a su vez muy austeros; tomaban de lo que producían lo necesario para su subsistencia y todo el excedente lo vendían para convertirlo en dinero sonante que les permitiese pagar canteros y albañiles. Sí, les interesaba el dinero, pero no para lucrar con él. Evidentemente, sosteniendo cada catedral gótica hubo una fuerte inversión en recursos humanos, materiales y monetarios, mismos que eran bien administrados por los monjes. Asimismo, es fácil imaginar que las fuentes de financiamiento de las catedrales góticas nacieron de la transmutación de enormes fortunas económicas bien administradas.

Es así como el trabajo básico de los cistercienses, promotores y pioneros de estas construcciones, no consistía en construir propiamente hablando, sino en trabajar para conseguir los recursos económicos que pagasen los gastos de la obra; el mismo san Bernardo promovía de manera apasionada que ricos y reyes cambiaran de estilo de vida y practicaran directamente la caridad,

---

[31] S. Kostof, *Historia de la arquitectura*, tomo 2, p. 561. De tal tamaño era la agudeza de los ataques de Bernardo hacia los cluniacenses y hacia todo lo que consideraba fuera del camino auténtico de Jesús. Este mensaje austero de Bernardo se verá más tarde en las órdenes mendicantes como la esencia de su predicación.

desde luego otorgando jugosas donaciones para la construcción de iglesias.[32]

Bernardo delegaba la práctica de dirigir y construir a los que tenían en exceso, ya sea riqueza, tiempo, poder o talento, y cabe mencionar que los monjes cistercienses fueron extraordinarios comerciantes en los mercados europeos; eran verdaderos empresarios del comercio con Oriente; dejaron a un lado las solemnes e incómodas vestiduras, al estilo cluniacense, y adoptaron ropas prácticas para realizar su trabajo con efectividad. También conseguían importantes limosnas en especie, las cuales eran rápidamente vendidas a los cluniacenses, a quienes sí les interesaba continuar atesorando objetos preciosos. Bernardo de Claraval tenía muy presente, para justificar su obra, tres exhortaciones primordiales del Evangelio:

1. La caridad: el reino de Dios les está prometido a los que comparten con los pobres.

2. El renunciamiento: nadie entra en el cielo si no vive como pobre.[33]

3. Los hechos de los apóstoles añaden que el trabajo manual es bueno para el hombre.

Finalmente, y para comprender la creación artística fundada por los cistercienses, debemos recordar el lugar central que ocupaba la Biblia en su espíritu religioso. Así, toda producción artística, cultural o social debía ser a la vez figura y equivalencia aritmética de la Escritura. Especialmente válida para san

---

[32] Los monjes cistercienses casi no practicaban directamente la limosna; sus abadías se encontraban lejos de las ciudades. Más bien practicaban el apoyo comunitario entre ellos. Se fortalecían espiritualmente, practicaban el ascetismo y concentraban su vida en ser productivos. Los excedentes eran canalizados no para comprar "oro", "piezas preciosas" o mejores vestimentas para sí, sino para pagar materiales y a los trabajadores de la construcción. Los cistercienses fueron unos constructores infatigables.

[33] No como miserable.

Bernardo era la producción cuando "conmueve al corazón, hace surgir el espíritu ciego hacia la luz, y lo resucita de su sumersión anterior".[34]

El recinto que Bernardo invita a construir para los rituales católicos no es ya una basílica; Bernardo piensa directamente en el alma, en donde la "fiesta" es interior, y el espacio debe contribuir para lograr esta mística. Las elevaciones logradas en el edificio gótico proyectaban el alma humana hacia el cielo y, si la tecnología del momento hubiese permitido mayor altura, seguramente san Bernardo la habría aprovechado.

Bernardo, al igual que Suger, era un gran conocedor de su tiempo, de los avances tecnológicos y estaba a la vanguardia de los procedimientos constructivos del siglo XII. Promovió tanto el pensamiento de san Bernardo que a su muerte y a partir de la abadía de Claraval se construyeron setenta abadías, cada una de ellas con elementos y directrices comunes; cada edificio se ajustaba a la "forma" ejemplar, sin que por ello se perdiera la singularidad de cada una de ellas.

Definitivamente, el lenguaje arquitectónico cisterciense se transmitió hacia los edificios góticos monumentales. Su estética reposa sobre un rechazo a lo sensual; el mismo san Bernardo nos lo dice así:

...el uso de las cruces de oro será prohibido; se deberán usar cruces de madera, un solo candelabro de hierro será suficiente como símbolo de ardor, de perpetua oración. Los incensarios serán de cuero y oro, las casullas de cáñamo, de lino y lana sin bordados de oro y plata, las capas y túnicas están proscritas. Los cálices dejarán de ser de oro para ser de plata y de corladura. El mantel del altar será de lino sin decoración alguna y las vinajeras no estarán adornadas de oro o plata.[35]

---

[34] G. Duby, *op. cit.*, p. 82.
[35] G. Duby, *op. cit.*, pp. 124-125.

La obra se deja ver humildemente desnuda. La belleza de las piedras luce esplendorosa y permite vivenciar el tiempo de miles de obreros que en ellas dejaron su sello. Los cistercienses, además, triunfan con elegancia aportando su preocupación por emplear las técnicas constructivas más económicas.

CUARTA PROPUESTA
La ornamentación nórdica medieval

Resulta interesante considerar la propuesta de Wilhelm Worringer que encuentra la esencia del gótico en las intencionadas líneas de la ornamentación nórdica germana. A su vez, y atrevidamente para sus tiempos, este autor afirma que el gótico no proviene de arquetipos habitables o que hayan sido habitados, sino más bien de abstracciones ornamentales que parecían multiplicarse a sí mismas en un infinito provocando lecturas más allá de lo posible.[36] Los pueblos nórdicos germanos no poseían más arte que la ornamentación, la cual seguía los trazos de una fantasía lineal creando una maraña que daba la impresión de tener vida propia. Estas líneas ornamentales germanas manifestaban una inquietud sin descanso, como buscando algo, trascendiendo su propia abstracción y posibilidad de ser, como si tuviesen vida propia y desearan siempre nacer o conducir a algo. Esta idea estará presente en la multiplicidad y repetición gótica.

Ortega y Gasset expresa cómo son esas líneas geométricas góticas:

> Nuestro sentimiento vital se arredra ante esa furia expresiva; más cuando al cabo, obedeciendo a la presión, deja fluir sus fuerzas por aquellas líneas en sí mismas muertas, siéntese arrebatado de una manera incomparable e inducido como a una borrachera de movimientos que deja muy lejos tras de sí todas las posibilidades del movimiento orgánico. La pasión de movimiento que existe en esta geometría vitalizada –preludio a la matemática vitalizada de la arquitectura gótica– violenta nuestro ánimo y le obliga a un esfuerzo antinatural.[37]

---

[36] S. Ramos, *Estudios de estética*, p. 149.
[37] J. Ortega y Gasset, *La deshumanización del arte*, p. 127.

Y refiere el mismo Worringer cómo esas líneas, que al parecer tienen vida propia, son utilizadas en el gótico como una herramienta conceptual y compositiva esencial que proyectará hacia un infinito superior, es decir, hacia Dios, el espacio gótico. Es así como la sociedad medieval con este sistema lineal como lenguaje plástico, y a pesar de las limitaciones tectónicas y matéricas, expresa elocuentemente esa imperiosa necesidad de proyectarse hacia Dios.

Las catedrales góticas manifiestan los límites a los que fue posible llevar las alturas, los claros, los vanos, la penetración de la luz. Nadie había logrado antes *espiritualizar la piedra* para elevarla hasta que pareciera perder su condición de pesadez gravitacional. Definitivamente, en el gótico se alcanza la precisa expresión de una voluntad del todo espiritual.[38]

Worringer, adicionalmente a su propuesta acerca del origen y esencia del gótico, plantea la idea de "la voluntad artística", a la cual ubica en una elevada esfera, precisamente en donde se valida también la evolución de los productos religiosos y filosóficos que son los que revelan la verdadera psicología de la humanidad. La trascendencia de las indagaciones teóricas de este filósofo alemán en este sentido son de tal importancia en la historia del arte que reivindica no sólo al arte gótico, sino al de todos los pueblos y culturas del mundo que, al margen del arte grecorromano, considerado como único en la cultura occidental, no habían merecido hasta ese momento validación alguna.

Esta idea de la voluntad creativa, que propone Worringer decíamos, reivindica el arte, la religiosidad y la filosofía de todos los pueblos y tiempos y con ello plantea la siguiente máxima: "Se ha podido todo lo que se ha querido, y lo que no se ha podido es porque no estaba en la dirección de la voluntad artística".[39]

Es así como es posible considerar la historia del arte como la historia de la voluntad artística en conexión directa con los

---

[38] J. Ortega y Gasset, *op. cit.*, p. 129.
[39] W. Worringer, *La esencia del gótico*, p. 15.

campos espirituales de la humanidad; la historia de esta voluntad artística o creativa, como aquí la llamamos también, de cada comunidad y cultura es la historia del alma humana y de las formas en que se manifiesta.[40]

Ahora bien, la comunidad humana que generó el lenguaje plástico lineal del gótico tenía muy particulares características de idealidad y de comportamiento. Y para comprender a este hombre que Worringer llama gótico, desarrolla un profundo análisis socioantropológico de los diferentes hombres que han existido en el mundo. En estas indagaciones, el autor pondera al hombre frente a sus obras idiomáticas, religiosas y artísticas, y concluye que existen cuatro categorías de seres humanos: el hombre primitivo, el hombre clásico, el hombre oriental y el hombre gótico. Se incluye a continuación un resumen de este análisis.

El hombre primitivo fue un ser que, como bestia maldita, vivía indefenso y solo frente al mundo exterior y del cual no recibía más que imágenes visuales cambiantes y aterradoras. Existía en este hombre primitivo un dualismo absoluto entre él y su cosmos, este dualismo era para él su caos que le provocaba terror. Este sentimiento de terror poco a poco lo va mitigando, creando unos valores inmutables y absolutos para él, exigencia que le lleva a crear el idioma, el arte y, sobre todo, los mitos manifiestos en rituales que le pacifican y dan respuesta a las dos preguntas fundamentales del ser humano, la muerte y el cosmos. Estas creaciones de la psique humana van evolucionando y tornándose cada vez más complejas y particulares según la comunidad a la que pertenecen.[41] El hombre primitivo se envuelve todo a sí mismo, sobre todo en prácticas religiosas defensivas. Busca símbolos de lo que no le es amenazante, es decir, lo inánime, y así encuentra en las expresiones de lo abstracto, de lo lineal y de lo no voluminoso una respuesta que le pacifica y le ubica en su caos existencial. Produce con estos

---

[40] *Ibid.*, p. 19.
[41] W. Worringer, *op. cit.*, p. 23.

elementos una ornamentación a base de figuras simples y planas, tales como la línea, el círculo, el cuadrado y el triángulo. Esta producción actúa como un conjuro en este hombre primitivo y anula el ambiente inconexo e incomprensible de su cosmos ofreciéndole un "lugar" existencial.

El hombre clásico es diferente, piensa y siente que ha logrado una progresiva conquista de su cosmos y por ello ha extinguido el terror; esto se logra cuando el hombre se vuelve un ser antropocéntrico. En la producción cultural y artística de estas culturas se pierde profundidad en cuanto al respeto con que se tratan las dos cuestiones fundamentales del ser humano, pero se gana tranquilidad y alegría de vivir; ya no se vive el terrorífico dualismo primitivo y su quehacer se torna entonces en equilibrio del alma. Éste es el hombre clásico, su producción cultural se manifiesta en modelos naturales aunque también de una naturaleza idealizada.

El hombre oriental está siempre presente en Europa. A pesar de que Europa se olvidó del mundo que vivía más allá de sus fronteras, el hombre oriental siempre permeó y estuvo presente en las culturas clásicas, ejemplo de ello fue la cultura helenística. El hombre oriental se aproxima al hombre primitivo más que al clásico pero de otra manera. Las condiciones que crearon su cultura estaban arraigadas en el conocimiento instintivo propio del hombre primitivo, más que en el intelectual del hombre clásico; así, el oriental palpita de terror cósmico pero en otro sentido: para él el terror es transitorio ya que intuitivamente sabe de la existencia de otro mundo suprasensible y por el cual siente la grandeza del universo; en ello basa su cultura. El dualismo que vive el hombre oriental no le perturba como al hombre primitivo, sino que percibe ese dualismo como sublime. Así, su temor se convierte en veneración y su resignación en religión; la vida para él es algo sagrado y su sentimiento de nulidad lo eleva a la grandeza. Su arte y religión están por lo tanto impregnados de un sentido trascendental. El saber cósmico oriental queda siempre subordinado a una realidad superior escondida tras este mundo. El hombre oriental sabe de la salvación de su alma, de un mundo superior y perdurable. La producción cultural y artística del hombre oriental es como la del hombre primitivo, abstracta, aunque muy superior en cuanto a riqueza de expresión. Lo primitivo se hace cultura en el hombre oriental.[42]

En cuanto al hombre que Worringer denomina gótico, afirma que es el resultado de una evolución específicamente nórdica, ajena completamente a la influencia de otras culturas. En efecto, los pueblos arios que no tuvieron contacto con la alta cultura mediterránea, influida a su vez por el oriente, presentan un arte muy particular y básicamente geométrico, el cual, como ya se mencionó, será fundamental en la producción del gótico. En el arte de este hombre gótico no existe ningún intento por imitar a la naturaleza; es un arte de juegos geométricos lineales con un fuerte contenido metafísico. A este hombre nórdico, que no produjo más arte que la ornamentación, lo ubica Worringer en la Escandinavia germánica, aunque la expresión más elocuente de su lenguaje plástico hace su aparición en L'Ille-de-France, precisamente en Saint Denis, la primera de las catedrales góticas.

El arte del hombre gótico encuentra en Saint Denis las condiciones sociohistóricas y espirituales más favorables para ser herramienta de expresión de una voluntad creativa que se multiplicará a sí misma abundantemente y en muy pocos años por toda Europa, conciliando e integrando un encuentro mediterráneo y nórdico.

En resumen, esta cuarta propuesta nos dice que el arte gótico se originó a partir de la vital y apasionada linealidad de la ornamentación producida por un hombre gótico nórdico-germano, y que, como si poseyera una voluntad propia de ser, la más elocuente manifestación de esta linealidad está en las catedrales góticas.

---

[42] W. Worringer, *op. cit.*, pp. 35-37.

III

ESTÉTICA CRISTIANA MEDIEVAL

ANTECEDENTES

Las ideas estéticas medievales tienen profundas raíces en Platón, en el neoplatonismo de Plotino, en san Agustín y en el Pseudo Dionisio. De ellos, es Plotino el vínculo de suma y proyección[43] de la estética que se manifiesta en la catedral gótica.

Plotino nació en Egipto en el año 205 de la era cristiana y murió en Roma en 270. Fue psicólogo sutil, delicado artista y filósofo fundamental en la estética cristiana medieval, tanto que hasta el mismo san Agustín afirmó que Plotino no habría tenido más que cambiar una cuantas palabras para ser cristiano. En efecto, la teología cristiana y la filosofía medieval adoptaron muchos puntos de vista plotinianos.[44] En cuanto a la estética, Plotino la consideraba como una parte de la teodicea ya que, según él, la estética deriva directamente de la teología, como de hecho ya lo afirmaba Platón. Por lo tanto, la belleza del universo se manifiesta cuando canta y clama la grandeza de Dios.

Para Plotino, la idea del bien debe ser totalmente transparente y estar presente en la obra de arte; si así sucede, la obra es bella. De esta fusión del bien y la belleza *emana* una belleza suprema, es decir, Dios. En la obra de arte se manifiesta esta emanación cuando hay un valor estético perenne, aun en su recuerdo, cuando la obra ya no exista en el mundo tangible. Para Plotino: "...El bien es lo bello actuado, y lo bello es el bien contemplado".[45] Es esta idea del nexo existente entre lo bello y el bien lo que ubica a Plotino como un parteaguas en la historia de la estética y como el principal precursor de las ideas estéticas cristianas medievales.

---

[43] Hegel plantea que el periodo posterior supera al precedente en tanto que asimila lo que éste tenía por propio; lo asimila y lo anula al mismo tiempo; así como la vida posee en su interior la muerte, de igual manera la muerte contiene la vida.

[44] F. Montes de Oca, *La filosofía desde sus fuentes*, p. 93.

[45] R. Bayer, *Historia de la estética*, p. 83.

El principio de *emanación*, el cual a su vez algunos suponen también de origen oriental,[46] permitió a Plotino la superación del concepto de *imitación,* tan arraigado en el recientemente superado mundo clásico grecolatino. El arte debe trascender la naturaleza y son precisamente la emanación, la fantasía y el anonimato las ideas centrales que permitirán al artista medieval su libertad de expresión.

Es en este apartarse de la naturaleza en donde reside la base de todo el arte medieval. Otra de las ideas esenciales de Plotino acerca de la belleza consiste en identificarla como simple, llena de color, en donde lo bello reside en la victoria de la luz sobre las tinieblas; y este aspecto de la luz será medular en la estética medieval. Dionisio y san Agustín tomarían estas ideas posteriormente para identificar a Dios con el elemento luz en su triunfo definitivo sobre las tinieblas, simbolizando con esto el alma humana tendiendo hacia la belleza suprema, es decir hacia Dios, es decir hacia la Luz.

Plotino distinguió también la belleza sensible de la espiritual, asunto igualmente esencial en el pensamiento de san Agustín. Ambos afirmaban que la belleza espiritual sólo se percibe en el sentimiento estético de contemplación, el cual, a su vez, es el único medio para captar a Dios. Para ellos, Dios crea en y por la contemplación, y ésta es su única manera de crear.

La estética de Plotino desemboca en una estética del esplendor, en un iluminismo. Plotino, como es místico, es uno de los primeros que revela la belleza del bien; es el bien la belleza suprema y el fin último y único de la estética. A este principio de nexo entre el bien y la belleza acudirán en la historia de la cristiandad y de la estética occidental muchos de los cristianos

---

[46] Aunque no se ha probado, es muy posible que Plotino haya tenido parte fundamental de su formación en la India, de donde tomaría esta y otras ideas aparentemente paganas. Es evidente la continuidad de esta idea de la emanación en la filosofía cristiana medieval, particularmente en lo que luego se verá en la catedral gótica como aparición sensible de lo divino.

posteriores, aun después de la época medieval. Esta forma de filosofía mística plotiniana que integra lo bello con el bien lleva al alma humana a hacerse pura, tal como también lo propone Platón en su *Fedro*. El alma debe tender a hacerse semejante a Dios, que es todo belleza, todo bien.

Las ideas estéticas medievales descritas hasta aquí condicionaron todo el arte medieval, aunque no recibirían un reconocimiento dentro del pensamiento estético sino hasta finales del siglo XVII.[47]

---

[47] H. Estrada, *Estética*, p. 72.

CRISTIANISMO Y SIMBOLISMO

La Biblia es un libro lleno de símbolos que no sólo dan sentido existencial al ser humano sino que han sido y son fuente inagotable de inspiración artística. El cordero, el buen pastor, el ancla, el sarmiento, el delfín, el pavorreal, la balaustrada, el pelícano, la granada, los números uno, dos, tres, cuatro, etc., la paloma, la luz, la cruz, el círculo, el anillo, el báculo, la nave, el gallo, el pez despierto, el pez dormido, entre otros, son símbolos que el cristianismo heredó, muchos de ellos de religiones anteriores y que desde sus primeros años de vida adaptó a su propia simbología.[48] Para la época medieval se fueron incorporando muchos otros símbolos, el unicornio, el pelícano, el lirio, la mujer coronada, la balanza, el compás, la palma, etc. Con toda esta simbología iconográfica tal pareciera que cada aspecto de la religiosidad, y aun de la vida cotidiana, tuviese su correspondiente símbolo. De hecho, toda la cultura de la Edad Media es simbólica.

Antes de continuar es necesario recordar que el símbolo es la correspondencia que el entendimiento percibe entre un concepto y una imagen representada. En el arte, la palabra símbolo significa la representación conceptual de algo o de alguien; es un signo que constituye un código completo, cerrado en sí mismo, elocuente en su discurso; es la relación entre significado y significante.

Tanto san Pablo como el pensamiento griego anterior al medieval atestiguan que la obra de arte cósmica debería siempre revelar metafóricamente los misterios invisibles de Dios en donde todas las formas sensibles no son sino símbolos. El conocimiento y la belleza de las realidades espirituales son descubiertos por quienes, elevándose por encima de las imágenes sensibles, saben entender y explicar los símbolos. Cabe mencionar también que es a Dionisio a quien se debe el hábito cristiano de venerar imágenes, es decir símbolos, hábito que

---

[48] Por ejemplo, el símbolo del buen pastor es el moscóforo griego.

ofrecería una inagotable fuente temática a los artistas de los siglos posteriores.

El arte cristiano es, pues, un arte de símbolos, y de las manifestaciones del arte cristiano es particularmente el arte medieval el que representa la culminación del simbolismo cristiano. La arquitectura gótica refleja de modo especial la cosmovisión simbólica de su tiempo; particularmente, las catedrales góticas fueron la cúspide de todo el lenguaje enciclopédico y simbólico no verbal del mundo medieval. En efecto, en la catedral había que crear una obra enciclopédica que englobase toda esa simbología cristiana. Además de responder a las necesidades litúrgicas y comunitarias, la catedral fue símbolo esplendoroso del reino de Dios sobre la tierra y de la antesala escatológica de la gloria venidera para quienes se acogen a ella. En resumen, toda la catedral gótica es símbolo, todo se integra en ella en una perfecta armonía, a la manera en que santo Tomás y la escolástica lo explicarían en años posteriores.

LA BELLEZA EN LA ESTÉTICA MEDIEVAL

Durante casi un milenio, las ideas de san Agustín y del Pseudo Dionisio definieron las cuestiones filosóficas en torno a la belleza y son el punto de partida de la estética medieval. Será necesario mencionar nuevamente que el pensamiento de ellos dos estaba fundamentado en las ideas de Plotino quien, a su vez, fue el vínculo con la antigüedad clásica. Así, la estética medieval no se presenta aislada o importada de otros complejos filosóficos, sin que por ello se ignore la influencia de Oriente.

Escoto Eriúgena, traductor del Pseudo Dionisio al latín, repite las fórmulas de la estética clásica y de la agustiniana, en donde la belleza se considera unidad en la variedad, es decir, armonía o "sinfonía" de las partes de un todo.[49] En este sentido, la belleza del universo no depende de las partes consideradas aisladamente, sino de su integración en la unidad del todo. En la catedral gótica, las partes que la conforman están íntimamente relacionadas y, aunque cada una de esas partes podría ser validada de manera particular, es en su integración con el todo en donde lucen su plenitud y belleza. Cada detalle en la catedral se corresponde en un perfecto universo armónico.

Ahora bien, y de acuerdo con el pensamiento del Pseudo Dionisio, los factores espirituales y los sensibles son parte de la unidad, no se puede prescindir de ellos y de un modo especial acentúan la significación simbólica de la belleza. El resultado, una realidad que se presenta como una inmensa "teofanía" armónica en la que Dios se hace "visible", comprensible, revistiéndose de forma y de figura. De este modo, la razón última de ser de las formas visuales se encuentra en la función simbólica. Y en la estética medieval el símbolo central es Dios:

---

[49] En el capítulo I se habló de Suger, abad de Saint Denis, y se mencionó cómo eligió cuidadosamente dos elementos plásticos principales para representar la mística cristiana medieval, la cual tenía como centro a Dios; estos elementos fueron la armonía y la luminosidad.

es la belleza suprema y todo, absolutamente todo, debe simbolizarlo.

Podemos concluir que la belleza en el mundo de la Baja Edad Media es aprehendida de tres modos: por el ojo físico que se deleita en la contemplación; por el ojo espiritual que en la belleza terrena descubre significados y analogías sobrenaturales, exactamente como Bernardo de Claraval propone que sean estos espacios universales góticos, y por el ojo científico que hace posible la obra de arte según la ciencia y la razón.

Con Dios como fuente de toda belleza, la mística católica es la fuente de inspiración para el artista medieval, y aun para el posterior a esta época.[50]

En la forma de toda producción artística medieval se destaca la congruencia no sólo de las partes materiales e ideas de la obra, sino entre la obra de arte y el que la percibe. Así, partiendo de estas ideas, santo Tomás define lo bello de dos maneras:

Se llama bello a aquello cuya vista agrada.

Se llama bello a aquello cuya aprehensión nos complace.

Según santo Tomás, lo bello y el bien se corresponden en cuanto trascendentales del ser. Al contemplar lo bello, esto nos hace desear el bien. El objeto bello se ama porque es bello, y es bello porque es bueno. La obra de arte tiene que partir del bien y por lo tanto de Dios, porque Él es toda bondad y toda belleza. Las notas objetivas de la belleza son dos: *proportio* y *claritas*.

Santo Tomás entiende la proporción de la misma manera que san Agustín, esto es, el mundo natural tiene sus proporciones y el

---

[50] En la escolástica, la belleza es la meta de un deseo natural en el que se deben conjugar dos elementos: uno intelectual y otro placentero. Es santo Tomás quien heredará a la estética medieval la definición de la belleza como *luz y forma*.

mundo espiritual también; la relación entre ambos mundos supone una proporción perfecta. La proporción es bella cuando es conforme con la naturaleza de la cosa. La *claritas* también corresponde con la forma y esencia de la cosa que se manifiesta por medio de la apariencia, como la *claritas* del cuerpo es reflejo del alma. En un pasaje de la *Suma*, santo Tomás dice que "para que haya belleza tiene que haber tres condiciones": primero, la integridad o perfección (lo inacabado es, por ello, feo); segundo, la debida proporción o armonía, y, tercero, la claridad. Santo Tomás añade posteriormente la *integridad* a las notas de proporción y claridad.

La obra gótica insta al bien. Todo lo creado en ella es producto de la mística de generaciones de hombres y mujeres que entregaron a su edificación toda su existencia.[51]

En el edificio gótico, la nueva tecnología para la construcción de las bóvedas permitió al edificador una mayor armonía de proporciones y la forma perfecta que resultó un medio ideal de expresión de los ideales del arte cristiano.

Por otro lado, es de notar que el adorno superfluo no existe en la catedral, ya que todo elemento en ella tiene una función estética precisa y perfecta según los términos estéticos ya señalados.[52]

Así, la catedral gótica encarna un ideal doble de belleza: la formal y la expresiva. En el arte medieval, sobre todo el de la Baja Edad Media, se aprecia una constante y decidida búsqueda de equilibrio entre la belleza trascendental y la belleza sensible. El artista se recrea al atrapar, por así decirlo, un destello de Dios para plasmarlo en la obra sensible.

---

[51] En este sentido, es interesante mencionar el enfoque que John Ruskin da a la catedral gótica en su libro *Las siete lámparas de la arquitectura*, particularmente en el capítulo "la lámpara del sacrificio".

[52] En otro capítulo se presenta el procedimiento constructivo de la arquitectura gótica. Aquí se pretende puntualizar algunos de los principios de la estética cristiana que definieron la catedral gótica.

LA APRECIACIÓN DEL ARTE EN LA EDAD MEDIA

La Edad Media poco ofrece acerca de una teoría del arte en sí, únicamente se conocen esbozos de estética mística, de tratados de óptica o de algún intento iconográfico. Sin embargo, uno de los documentos más significativos para nuestro conocimiento del gótico es el *Livre de portraiture*, de Villard de Honnecourt. En este libro, del cual solamente se conserva la mitad en la Biblioteca Nacional de París, se puede apreciar un valiosísimo manual de proporciones, en el sentido medieval, que nos introduce en el espíritu de la pintura y arquitectura góticas. El cuaderno incluye croquis y anotaciones que fueron un instructivo fundamental para la masonería y para la construcción de las catedrales góticas.

Villard de Honnecourt nació cerca de Cluny, Francia, en tiempos de Luis IX, es decir, en la primera mitad del siglo XIII. No era arquitecto constructor de primera línea, pero su cuaderno refleja los conocimientos constructivos de su época. En sus anotaciones, Villard nos dejó todo tipo de conceptos, desde el remedio para una herida o los esquemas de la maquinaria de su tiempo, como poleas, gatos o sierras hidráulicas, hasta la resistencia de los materiales, el montaje de un armazón, la geometría de las bóvedas góticas o la talla de la piedra clave en la ojiva gótica.[53]

Por otro lado, es interesante destacar la atmósfera de exaltación religiosa universal y anónima que permeaba la sociedad cristiana medieval, asunto que permitiría al artista verter toda su libertad y fantasía. En efecto, en esa época el artista no corría el peligro de ser "identificado" como responsable de cualquier asunto creativo que no fura del gusto de todos; esto, sin embargo, permitía que se expresara de manera mucho más espontánea y libre que en la antigüedad. Vemos por ejemplo

---

[53] J.P. Bayard, *El secreto de las catedrales*, pp. 236-239.

esculturas que no siguen los modelos naturales y que son hasta grotescas en algunos casos, intentando con esto abstraer o acentuar aún más la simbología mística.

El concepto de imitación de la naturaleza en el medievo fue casi abolido, lo que ofreció a la creatividad artística una nueva luz en el espacio de la fantasía, todo, recordemos, como medio para alcanzar a Dios. En esa época de autoría anónima, el artista se siente libre para expresar plásticamente su entrega total a Dios. Este acto de libre y total entrega a Dios es definido por John Ruskin, en su magnífico libro *Las siete lámparas de la arquitectura*, como la Lámpara del sacrificio.

El artista sabe que todo su quehacer y pensamiento deben estar orientados a Dios y que si su obra plástica alcanza ese íntimo diálogo con la divinidad, logrará una luz para el camino de salvación.

En la estética cristiana medieval el acto de fantasía no es superior al pensamiento, asunto absolutamente regulado por la Iglesia católica, pero sí al mero hecho de copiar la realidad. De esta manera, la obra de arte medieval puede y de hecho debe superar a la naturaleza. En este sentido hemos dicho que la libertad y el anonimato en la sociedad teocéntrica medieval permitieron que los artistas hicieran del gótico el arte vanguardista e insuperable hasta ese tiempo. En efecto, nadie hasta entonces se había atrevido a soñar con las alturas góticas, con sus sistemas constructivos, con la sublime luminosidad de su espacio interior.

LA LUZ EN LA MÍSTICA GÓTICA

La luz, elemento esencial en el edificio gótico, es símbolo de Dios y a Él anhela representar. Como la obra de arte medieval busca complacer al alma y también al intelecto, debe tender en todo momento a representar la aparición sensible de una idea de Dios. Para el mundo cristiano medieval posmilenarista, Dios es luz, Dios es claridad, Dios es luminosidad. Así, el artista gótico toma como elemento constructivo primordial la luz.

La tecnología constructiva gótica busca entonces romper con la oscuridad y pesadez de la arquitectura románica. La estructura sustentante gótica, es decir, muros y columnas, logra alturas nunca antes imaginadas, y ello permite elevar los ojos y el alma, siempre en binomio indisoluble, hacia el cielo, hacia Dios. Los muros por fin han podido ser transparentes y abrirse a la luz, a Dios. La luz por lo tanto no sólo responde a una evidente motivación simbólica —el Verbo es la luz que resplandece en las tinieblas—, sino también a la definición cualitativa de la belleza: lo bello es como la luz. La luz es bella porque su identidad es simple, la luz descubre la hermosura propia de toda realidad, la luz es bella por sí misma.

Evidentemente, los elementos góticos en los que el artista plasma principalmente esa adoración por la luz son los maravillosos vitrales góticos. En esa luz multicolor se capta la armonía, la proporción, la mística, el orden y toda la razón primordial del edificio gótico y de la sociedad que lo genera. Es por medio de la luz, es decir de Dios, que se llega a la plenitud del ser, a la integración de alma y cuerpo, inteligencia y sensibilidad, a la armonía de partes, orden y proporciones.

LA MELODÍA INFINITA DE LA LÍNEA NÓRDICA

El hombre gótico que define Worringer, atenido a una imagen caótica de la realidad, debió sentir un goce embriagador de liberación al sumirse en su mundo de movilidades espirituales. Al igual que el hombre primitivo, este hombre nórdico o gótico tenía una relación con el mundo exterior de terror, y para mitigarlo plasmó sus impresiones en una linealidad espiritual sublimada, buscando con ello la satisfacción de la embriaguez que enajena, permitiendo a la línea expresarse por sí misma, para con ello dar al ser humano la paz y la respuesta a su relación con el cosmos.

El hombre gótico, al no producir otra expresión artística que esta ornamentación lineal, dejó en ello, según Worringer, las raíces del lenguaje gótico ulterior. En efecto, la línea abstracta sin moderación orgánica es elemento esencial de la voluntad de forma en el gótico. Por lo tanto, y sobre el fundamento psíquico en el que se asienta el arte gótico, esta línea gótica rebosante de vida y de expresión proyecta hacia la salvación, hacia la luz, hacia arriba, hacia Dios. Dice Worringer: la línea gótica "...se convierte en un espasmódico deseo de estremecimientos suprasensibles, en un patetismo cuya esencia propia es el descomedimiento",[54] o en lo que Kant propuso como la disconformidad de la experiencia sublime.[55]

La línea gótica revela el deseo de ascender a una movilidad innatural de carácter espiritual; recuérdese en este momento el pensar laberíntico de la escolástica-movilidad suprasensible y esta tendencia de la línea gótica es la que más tarde produjo la excelsitud fervorosa de las catedrales góticas, petrificaciones del trascendentalismo.[56]

En una descripción de esta línea nórdica gótica encontramos que carece de simetría, que emplea la repetición para provocar al

---

[54] W. Worringer, *La esencia del gótico*, pp. 62-63.
[55] En un capítulo posterior se analiza el tema de lo sublime.
[56] W. Worringer, *op. cit.*, p. 46.

infinito: las vueltas sobre sí misma, las ondulaciones e infinitas direcciones en apasionada muestra del trascendentalismo. La línea gótica se vuelca sobre sí misma, como en espejo, con un carácter de ininterrupción, de multiplicidad continuada hasta el infinito. Ésta es "línea infinita y laberíntica que no agrada sino que embriaga y que nos fuerza a *entregarnos sin voluntad*, que no encontramos un punto donde iniciar la contemplación, ni donde detenerla... los movimientos acuden de todas partes, el movimiento se prolonga hasta el infinito",[57] acentuando su verticalidad hacia Dios. Dondequiera que se encuentre esta línea abstracta como el elemento esencial de la voluntad de forma, ahí habrá un arte trascendental.[58]

---

[57] *Ibid.*, pp. 48-49.

[58] Worringer propone a sus lectores y estudiantes un interesante ejercicio el cual supone que hizo el hombre gótico; esto es, tomar un lápiz o herramienta de dibujo y dejarse llevar sobre una superficie con la expresión lineal que desea tomar forma por conducto de nuestra mano.

IV

LA POÉTICA ESPACIAL EN EL GÓTICO

Según Heidegger, y también otros autores, todo arte en esencia es poesía y a ella deben reducirse entonces la arquitectura, la escultura, la música; por esto validamos y comprenderemos aquí el espacio arquitectónico gótico como un poema espacial, y al edificador del edificio gótico, en este caso uno colectivo y comunitario, como el poeta.

Retomando algunas de las ideas de Worringer, se plantea que para comprender la poética del espacio arquitectónico es necesario considerar que la imaginación poética sólo se comprende desde la intuición del presente de la imagen, es decir, desde el impacto subjetivo al que se somete la persona en el instante mismo de la novedad, de la lectura, de la experiencia primigenia del habitar.

La imagen poética espacial gótica surge en la conciencia como un producto directo del corazón, del alma, del ser del artista captado en su actualidad. Así, el espacio arquitectónico gótico se entiende aquí como un poema enciclopédico vivo, eternamente presente. El poeta gótico no fue una sola persona; ya hemos visto que en el medievo la identidad de los artistas no era conocida y de hecho era lo menos importante.[59] El poeta gótico es todo un pueblo, todas esas generaciones tras un ideal.

Al comprender el espacio arquitectónico gótico como una poesía, podremos compenetrarnos con el espíritu que concibió y edificó el edificio gótico. Al respecto dice Gaston Bachelard:

---

[59] En el Renacimiento, como en la antigüedad clásica, se destacaba más la autoría de las obras de arte.

La poesía es un alma inaugurando una forma, el alma inaugura, es aquí potencia primera; es dignidad humana. El alma viene a inaugurar la forma (en este caso la arquitectónica), a habitarla, a complacerse en ella, a morir en ella.[60]

En términos bachelardianos, el alma lectora de ese poema gótico, es decir, de la experiencia espacial gótica, vitaliza el ser "poetas-arquitectos-escultores góticos" y con ello borra también las barreras del tiempo y del espacio; comprende al "poeta-arquitecto" y sabe que las "páginas" (espacios) *le conciernen*, de tal suerte que parece que el goce de habitar el espacio gótico sea el reflejo de escribir, es decir, de construir una catedral gótica. Tal pareciera que este lector o habitador de los espacios góticos de todos los tiempos participa en el mismo júbilo de creación que Bergson da como signo de creación misma.[61]

---

[60] G. Bachelard, *La poética del espacio*, p. 13.
[61] G. Bachelard, *op. cit.*, p. 23.

LA INMENSIDAD ÍNTIMA DEL GÓTICO

Para Bachelard, la inmensidad es una categoría del ensueño en donde el mundo se percibe grande y a la vez profundo como el mar.[62] El ensueño por inclinación innata contempla la grandeza y determina un estado del alma que pone al ensoñador fuera del mundo próximo y ante uno que lleva el signo del infinito. Tanto el abad Suger como Bernardo de Claraval muy probablemente ensoñaron e imaginaron esta grandeza para sus espacios religiosos, es decir, lugares en los que el alma humana contemplara el infinito y la profundidad de Dios, en los que el hombre huyera de todo objeto o circunstancia terrenal para estar en lo que algunos llaman la "inmensidad de Dios".

Ahora bien, la inmensidad es una categoría en nosotros mismos, adherida a una especie de expansión del ser que desafortunadamente la cotidianeidad de la vida y la prudencia reprimen. Según Bachelard, la inmensidad interior es la que da su verdadero significado a, por ejemplo, la inmensidad del océano, de un bosque, del milagro de un nido, de una catedral gótica. Toda esa inmensidad, todo ese infinito cabe en nuestra alma; Pierre Albert-Birot dice al respecto: "...Y me hago de un plumazo, dueño del mundo, hombre ilimitado".[63] La inmensidad del bosque, en un ejemplo, la entendemos cuando hablamos de su espacio infinitamente prolongado más allá del velo de sus troncos y de sus hojas, espacio velado para los ojos, pero transparente a la visión interior, bosque sagrado, inmensamente sagrado.

El concepto de inmensidad es tan ancestral como los recuerdos que se guardan en la intimidad de nuestro presente. En este contexto, la catedral gótica ha quedado presente por generaciones. Según Bachelard:

---

[62] G. Bachelard, *op. cit.*, p. 220.
[63] *Ibid.*, p. 222.

En la catedral se casó mi abuela, y la abuela de mi abuela, y se bautizó mi tatarabuelo, y ese momento que yo no viví, está en mí presente en la catedral. Toda esa constelación de momentos vivos están en mí; ¿y qué, el instante es verdaderamente la eternidad? ¿La eternidad es verdaderamente el instante?[64]

Aquí se lee la inmensidad íntima como tema poético inagotable. Para Baudelaire:

...la inmensidad es una dimensión íntima, es una de esas impresiones felices que casi todos los hombres imaginativos han conocido gracias a los sueños, mientras dormían, es sentirse liberado de los lazos de la gravedad, preso de una amplia luz difusa... en la inmensidad, sin más decorado que ella misma.[65]

La grandeza progresa en la medida en que la intimidad se profundiza. Cuando el ser humano vive la inmensidad se ve liberado de sus preocupaciones, de su cotidianeidad; ya no es prisionero de su propio ser, ya habita en sí mismo, en su inmensidad íntima.

La intimidad es el rincón del alma en el que cada yo singular, único e irrepetible se protege, secreto, para sí.
La intimidad es como el lado oculto de la luna,
es invisible desde fuera;
la intimidad, desde la exterioridad, es apenas una sospecha,
misteriosa pero fascinante.
Se esconde en el fondo de la vida interior,
sin embargo, es transparente,
en ella habita el alma y es puente y vínculo con la eternidad.

---

[64] G. Bachelard, *op. cit.*, p. 227.
[65] *Ibid.*, p. 232.

Lo íntimo es todo aquello que le acontece a un individuo
que lo vive como algo profundo,
que le atañe, lo marca, le incide, le importa, lo compromete,
le concierne.
Lo íntimo es un tesoro escondido.
Lo íntimo jamás es indiferente, sino por el contrario,
se padece o se goza intensamente, en secreto.
Lo íntimo se acurruca en el espacio de un nido protector
edificado en lo más recóndito del yo.
Es el oído que escucha las resonancias universales.
Es ese rincón del espíritu en el que cabe la **totalidad**.
Es el punto vital en que se recibe la exterioridad exterior,
transmutada en exterioridad vivida, esto es,
en interioridad recogida.
En la intimidad es en donde se siente la más sublime desmesura,
el absoluto despojamiento
en el que se gana la más pura pobreza de espíritu,
el desierto interior.
En la intimidad está la vibración cósmica eterna,
en cuyo aletear se sostiene anonadada el alma, suspendida,
temblando al unísono en la armonía universal.[66]

---

[66] Fragmento y parafraseo de ponencia, en María Noel Lapoujade
(comp.), *Espacios imaginarios*, México, UNAM, 1998.

LA CATEDRAL GÓTICA COMO LA CASA UNIVERSAL

La catedral gótica es también la casa universal que expresa y cobija de manera enciclopédica a la comunidad que la creó.

Para entender la idea de "casa" acudimos de nuevo a Gaston Bachelard, quien nos dice que frente a la hostilidad y las formas de la tempestad, los valores de protección y de resistencia de la casa se trasponen en valores humanos. La casa es un instrumento para enfrentar y dialogar con el cosmos. En la casa habita el ser humano, lo remodela, lo protege; en ella el hombre gesta sus amores. La casa se convierte en su refugio y a la vez en fortaleza; la casa es espacio de consuelo, de intimidad. La casa es, literalmente, la madre; y como ella, la casa acoge, protege, resiste la adversidad externa. Esta morada, por lo tanto, también es educadora. Frente a la hostilidad, la casa adquiere las energías físicas y morales de una madre amorosa, acogedora, fuerte. La casa es un baluarte de valor para el hijo que en ella habita y donde aprenderá también a vencer el miedo.

> ...La casa, ante la tempestad, se estrechó contra mí como una loba, y por momentos sentía su aroma descender maternalmente hasta mi corazón, aquella noche fue verdaderamente mi madre. Sólo la tuve a ella para guardarme y sostenerme, estábamos solos.[67]

La catedral gótica es la gran Casa Universal en la que todos los hijos de Dios son acogidos, protegidos, remodelados y conducidos hacia un mismo fin. La catedral defiende también del mal; las gárgolas monstruosas, estratégicamente ubicadas en las esquinas de la catedral, son como los soldados protectores que atacaban y defendían del mal el espacio interior catedralicio.

---

[67] G. Bachelard, *op. cit.*, p. 77.

La casa gótica conquista también su parte del cielo, y de hecho tiene a todo el cielo por terraza. Es desde ella que se llegará a la dulce promesa de la vida eterna. Es en esta casa gótica, al igual que la materna en donde el ser humano se siente eternamente protegido, en donde nunca envejecerá porque en ella siempre será hijo. La casa es nuestro rincón del mundo, es nuestro primer universo, nuestro cosmos. La calidad primitiva de la casa pertenece a todos, ricos y pobres, y esta calidad está en la catedral gótica.

La casa es también un estado del alma que, aun reproducida en su aspecto exterior, nos habla de intimidad, de una intimidad a la que hay que propiciarle todos los cuidados.

Asistir a los oficios religiosos, acompañar los entierros, formar parte del alegre cortejo de fiestas populares, involucrarse en las asambleas políticas bajo la presidencia del obispo, discutir dentro de la catedral el precio del grano y del ganado, establecer la cotización de los paños, acudir a ella a buscar consuelo, pedir consejo e implorar perdón, bendecir la nueva empresa o corporación de trabajo, acudir a la tradicional *kermesse*, a la fiesta de los locos con su carro del triunfo de Baco, todo esto y más acontece en el espacio de la Casa Universal gótica.

La catedral fue ciudad dentro de la ciudad, núcleo intelectual y moral de la colectividad, corazón de la actividad pública, apoteosis del pensamiento, del saber y del arte. La catedral fue también guardián secular del patrimonio ancestral, refugio hospitalario de todos los infortunios, en dos palabras, Casa Universal, madre que acoge, alegra, consuela a todos los hijos cristianos y aun a los paganos[68] porque también los alquimistas se

---

[68] El principal enemigo de la Iglesia católica no eran los paganos, de hecho, ellos están presentes en la catedral en numerosos testimonios y en la mayoría de los casos eran considerados como católicos aún no conversos. El verdadero enemigo del catolicismo eran las asechanzas del demonio, las cuales tomaban forma en las diversas herejías; contra ellas estarán encaminadas todas las luchas del Papa en Roma. Las gárgolas en la catedral gótica son testimonio de esto. La Inquisición, en

reunían en ella todas las semanas el día de Saturno.[69] Es la casa de todos y por ello también el espacio de la intimidad comunitaria por excelencia, en el que todos son bienvenidos para formar una sola familia.[70]

---

años posteriores, sería una poderosa herramienta de exterminio de todo aquello considerado como herejía.

[69] Fulcanelli, *El misterio de las catedrales*, p. 47.

[70] Imaginemos la fantasía de los constructores de la catedral de Notre Dame de París: en sus 5955 m^2 construidos pueden estar cómodamente hasta nueve mil fieles. Milán cuenta con 11300 m^2 techados que albergarían de sobra a toda la población de su tiempo.

V

EL TRASFONDO EN LA ARQUITECTURA

VALOR ARTÍSTICO DE LA CATEDRAL GÓTICA

El concepto de "trasfondo artístico" lo plantea Nicolai Hartmann en su tratado de *Estética*, en el que los valores estéticos siempre se consideran en un plano superior al de los valores reales y aun de los valores éticos.

Los valores estéticos no sólo se encuentran en lo bello artístico, sino que están presentes en todo lo bello natural, en donde lo más bello es, precisamente, el ser humano en su aspecto físico y en su aspecto espiritual. El artista no crea nada, sino que más bien se limita a *hacer aparecer representando.*[71] Los valores estéticos no son problemas morales, sociales o económicos y por lo mismo no han tenido en la historia su misma urgencia. En otras palabras, la obra de arte hace su aparición, mediante el artista, de manera autónoma e independiente a los acontecimientos de su contexto histórico, sin que por ello deje de hablar o expresar ese mismo contexto.

Para captar un valor estético, Hartmann dice que el hombre debe tener ciertos sentimientos: por un lado, el placer es un sentimiento contemplativo, no unido a la apetencia por el objeto, y por otro, el sentimiento de la complacencia, que es dejar que la obra de arte opere sobre el que la contempla. Para Kant, esta complacencia está exenta de todo interés moral o posesivo por la obra de arte porque poseer y pertenecer no tienen en el reino de lo estético el sentido usual general: la obra de arte pertenece a todo aquel que es capaz de llevar a su encuentro la complacencia desinteresada. La posesión de la obra de arte en el sentido estético es espiritual y traspasa las barreras de la realidad. Un coleccionista puede ser el dueño oficial de una obra de arte de gran valor, estético y económico, pero él sólo poseerá lo físico,

---

[71] N. Hartmann, *Introducción a la filosofía*, p. 184.

jamás lo espiritual o estético. La complacencia y la posesión estética son universales.[72]

Hartmann dice que cada obra de arte tiene su valor individual pero al mismo tiempo universal. Individual porque hay en cada obra de arte un valor particular, y universal porque provoca en todo sujeto la misma complacencia desinteresada, pero la universalidad de la obra de arte únicamente se da en el cosmos de lo estético.[73]

---

[72] Y estos sentimientos no son sólo propios de la obra de arte; según Hartmann, están presentes también ante la belleza de lo natural.

[73] Por diversas razones, a muchos seres humanos les están completamente cerrados ciertos dominios enteros del arte, según comenta Hartmann en su *Introducción a la filosofía*, p. 186.

EL CONCEPTO "APARICIÓN DE LA OBRA DE ARTE"

Este concepto de "aparición" de una obra de arte lo define Hartmann a partir de las ideas platónicas y hegelianas y concluye que: "la belleza no es la idea misma, sino la apariencia [hoy se dice aparición] sensible de la idea".[74] En esta idea de "aparición" de la obra de arte hay dos actos a considerar:

El acto primitivo, es decir, el artísticamente creador, el que más ha cautivado a los investigadores de la estética. Sobre este acto yace un profundo misterio, ya que ni siquiera el artista mismo puede decir cómo crea; él sigue una intensa necesidad, una dura ley a la cual se entrega. El artista no puede hacer justicia a lo que en él le pide crear para surgir gracias a él. El artista es un mero instrumento elegido por una superior y desconocida razón para que una obra de arte haga su aparición en el mundo real.

El acto de contemplar, es decir, el que experimenta aquel que, ante una obra de arte, la goza y siente la complacencia desinteresada y que es diferente de la "intuición artística", del análisis científico o filosófico. En el acto contemplador se pueden distinguir, en primera instancia, dos estratos:

1. Un primer término real, dado.

2. Un fondo que es irreal y que hace su aparición en la obra de arte.

La articulación de estos dos estratos está presente en todas las artes.[75]

---

[74] N. Hartmann, *op. cit.*, p. 187.

[75] N. Hartmann, *Introducción a la filosofía*, p. 189. Hartmann aplica esta idea en todas las artes; hace una interesante subdivisión de las artes en función del espacio (pintura y escultura), del tiempo (literatura y drama) y no representativas (música y arquitectura).

Lo real de una obra de arte es percibido por quien que tiene ojos y oídos, pero la aprehensión de lo estético en ella supone algo distinto, supone un tercer factor que es el espiritual; para percibir y apreciar el trasfondo de una obra de arte es necesario cultivar el espíritu, no basta la intuición ingenua. Cuando surge el espíritu que congenia con la obra de arte, ésta abre de manera transparente su trasfondo y con él la apreciación y experiencia estética.

Ahora bien, en cuanto al valor estético de la obra de arte en sí, éste se representa en la compenetración de su primer plano con el trasfondo de ella misma y la justa relación entre ambos. La belleza consiste pues, según Hartmann, en la capacidad del artista para dar al primer término o plano de su obra de arte de tal forma que el contenido espiritual o psíquico al que quiere dar expresión aparezca nítidamente ante los sentidos del contemplador.[76] La aparición estética está en los terrenos de la idealidad pero ésta se percibe únicamente cuando se está frente a la obra de arte, y sólo se revela a aquel que la comprende.[77]

---

[76] N. Hartmann, *op. cit.*, p. 197.

[77] Según Hartmann, toda obra de arte tiene su caducidad, es decir, cuando una obra de arte se destruye en su primer plano, se podrá hablar de ella pero ya no se le podrá gozar y, por lo tanto, la ventana del trasfondo quedará cerrada para siempre.

EL TRASFONDO EN LA ARQUITECTURA

En el trasfondo de una obra de arte de arquitectura, Hartmann considera dos clases de estratos, los externos y los internos.

En cuanto a los estratos externos, ellos se refieren a que la obra arquitectónica debe cumplir con un propósito práctico. Sin este propósito, la obra sería puro juego, vacío, tramoya.[78] Los estratos externos definen el carácter de una obra y son:

La composición según un propósito. El aspecto práctico de la arquitectura no es un momento negativo de ella, sino lo equivalente al tema en las artes representativas; no puede prescindir de él: una obra literaria sin tema es impensable, una obra de arquitectura es nula sin determinación práctica. En el análisis detallado del propósito y de su solución efectiva y congruente estará la presencia y el valor de este estrato.

La composición espacial. Este estrato se refiere a la cualidad de una obra de arquitectura para ver la plenitud de posibilidades que existen con objeto de dar solución espacial a un mismo fin práctico. En este estrato se admira la capacidad de dar solución estética a una obra arquitectónica a pesar de las limitaciones de los materiales de construcción que la naturaleza da al arquitecto. El detallado estudio, por parte del arquitecto, de las proporciones espaciales y de las posibilidades de los materiales será de vital importancia.

La composición dinámica. La arquitectura está aparentemente limitada por dos aspectos, su fin práctico y la materia con que se realiza. De hecho, la historia de la arquitectura y de sus estilos es en lo esencial una historia de la técnica arquitectónica y de los métodos de construcción. Este estrato externo se refiere a la dinámica con la cual avanza una obra arquitectónica sobre las anteriores soluciones espaciales a un tema semejante. Un bello ejemplo de este estrato del trasfondo son los contrafuertes de las

---

[78] *Ibid.*, p. 147.

catedrales góticas, los cuales apresan de manera muy bella y eficiente el empuje de las bóvedas.

Los estratos internos aparecen en la obra de arquitectura cuando a ésta no se le coarta su libertad persiguiendo únicamente el fin práctico. Éste sería el caso por ejemplo de algunas de las naves industriales o de la vivienda masiva del siglo XX, de cárceles o de ciertas construcciones destinadas únicamente a fines económicos o técnicos; estas construcciones no expresan nada interno. Los estratos internos se refieren a aquellos que hablan al contemplador de la vida y almas de los constructores de una particular obra de arquitectura. Este trasfondo implica que el artista[79] reflexionó, estudió detalladamente su obra y, sobre todo, imprimió en ella su vida, su pasión y su tiempo histórico.[80] Los estratos internos deben presentarse en armonía y congruencia con los externos, de tal suerte que en todos los estratos, externos e internos, esté implícita la totalidad y armonía estética. Hartmann propone que existen en la obra de arquitectura tres estratos internos, los cuales, aunque no se presentan en toda obra, sí siguen la siguiente secuencia de aparición.

El espíritu o sentido en la solución de la tarea práctica. El fin práctico de la obra de arquitectura puede ser acometido desde diversos aspectos. El artista debe proporcionar la solución que sea congruente con el modo de vida comunitario de su tiempo. Por ejemplo, el modo de iluminación de las iglesias responde a diversos estilos de vida comunitaria; en el caso del gótico, el pensamiento teocrático cada vez más arraigado en la población habla por medio de la solución de sus bellísimos vitrales, que continúan elevando el espíritu hacia Dios.

---

[79] Cuando nos referimos al artista de la obra de arquitectura, no se habla de un individuo en particular, como sería el caso de las otras artes; en el caso de la arquitectura, ésta puede o pudo haber sido edificada por todo un pueblo con una mística de conjunto.
[80] Las construcciones actuales que obedecen a fines prácticos y económicos básicamente, no contienen trasfondo, es decir, estratos internos. Un ejemplo es la actual vivienda de interés social.

La impresión de conjunto de las partes y el todo. Las diversas partes que integran un conjunto arquitectónico, considerado como una obra de arte, no surgieron espontáneamente. Cada parte está configurada de manera paulatina en un orden global, respondiendo a los anhelos de una comunidad. La expresión de la voluntad vital y del modo de vida. Hartmann llama a este estrato la idea de la obra arquitectónica. Éste es el más alejado del fin práctico; el esteta lo llama la idealidad de la obra. Es el estrato metafísico de la arquitectura, es decir, el más profundo. Hartmann se refiere a él como el de la "voluntad vital". Explica el significado de esta expresión como el sentido profundo perpetuado en el testimonio de la obra de arquitectura de una comunidad viva, con una peculiaridad, unos ideales y unas nostalgias comunes. Es este estrato el que da mayor validez, estabilidad y verdad a toda la obra arquitectónica. Cuando el artista ha comprendido la idealidad de su contexto histórico es cuando está suficientemente maduro para dejarse llevar por el carril de la creación. El espíritu del que brota la forma es uno comunitario, que ha ido madurando por generaciones de tradición y costumbres, formando un gusto dominante y "cierta" sensibilidad estilística comunitaria.

Así, con los estratos en armonía y congruencia, la arquitectura es el testimonio vivo de una comunidad y es su palabra también viva. La arquitectura sólo puede darse como expresión de una comunidad, cualquier imitación arquitectónica que no exprese a una comunidad en su tiempo y en su lugar geográfico resulta enojosa, extraña, falsa. En el análisis del trasfondo estético de las catedrales góticas es evidente que los estratos están en perfecta armonía con el todo y cada una de sus partes.

VI

LA APARICIÓN TANGIBLE DEL EDIFICIO GÓTICO

PROCEDIMIENTO CONSTRUCTIVO

Para Hegel, la obra de arte no es un producto natural, sino creación de la actividad humana y por ello es superior a la naturaleza; la obra de arte es creada esencialmente por el hombre y para el hombre. La catedral gótica es creación del hombre, del espíritu de potentes personalidades como las de Suger y san Bernardo, que movieron el espíritu de toda la comunidad de su tiempo para edificar esas magníficas construcciones. En este capítulo se presenta una propuesta hipotética del proceso constructivo de las catedrales góticas.

Fueron diversas las fuentes de financiamiento para la construcción de las catedrales góticas; por mencionar algunas, las limosnas de reyes y nobles, el trabajo empresarial y comercial de los religiosos locales interesados en la construcción de una catedral, las ferias locales organizadas por los mismos habitantes, las donaciones en especie o en mano de obra, y otras más.

Tomando en cuenta los sistemas constructivos de su tiempo, las catedrales góticas fueron edificadas en periodos de tiempo relativamente cortos, algunas de ellas en tan sólo sesenta o setenta años, lo cual implicaba una intensa actividad comunitaria de todo tipo. La indispensable organización por parte de abades de los recursos materiales, humanos y financieros transformó en verdaderos empresarios a numerosos religiosos.

Ahora bien, el costo de una catedral gótica era la erogación más importante de la comunidad que la edificaba, de hecho las catedrales góticas fueron transmutaciones de enormes fortunas, por ello, nadie en la comunidad de su tiempo se quedó sin participar en su proceso constructivo.

Los constructores de los edificios góticos conocían a la perfección el programa y el procedimiento; los materiales serían básicamente los mismos que eran edificios anteriores, pero aquí cada catedral expresaría una singularidad dada por las circunstancias locales.[81] Los artesanos y trabajadores involucrados en la construcción de la catedral pertenecían a diferentes gremios, integrados a su vez en una organización muy compleja que prevalecía por generaciones.

Es muy probable que, una vez aprobado el proyecto arquitectónico y contando ya con las posibles fuentes de financiamiento, el maestro carpintero y sus ayudantes partieran hacia uno de los muchos bosques que en aquellos tiempos había en Europa. En esos bosques, los carpinteros supervisaban personalmente el corte de los árboles apropiados para las múltiples etapas de la edificación. Al mismo tiempo, los canteros y sus ayudantes eran enviados por roca calcárea; las piezas necesarias eran cortadas en las canteras y cuidadosamente clasificadas y marcadas con el fin de que llegasen directamente al sitio predestinado para el edificio gótico.

El lugar asignado para edificar la catedral debía ser limpiado e, incluso, en algunas ocasiones había que demoler construcciones preexistentes o bien reubicarlas. Toda la comunidad participaba en la designación y la donación del sitio en el que se debía construir una catedral.

Una vez elegido el terreno, se trazaban los ejes principales y se cavaban las cepas para recibir los cimientos. Seguramente, el obispo de la región daba en ese momento la tradicional bendición a la primera piedra de la cimentación, misma que era colocada sobre una cama de pequeñas piedras que servían para nivelar el subsuelo y cubrir el lodo.

Arrancada oficialmente la obra, ya no se detendría y en ocasiones generaciones enteras vivieron para la construcción de la catedral.

La actividad, imparable, involucraba cientos de acciones. Los mezcleros preparaban el mortero con las cantidades precisas de cal, arena y agua. Este mortero lo bajaban al fondo de la cepa y

---

[81] Por ejemplo, las reliquias regionales, la reconstrucción o la construcción partiendo de nada, etcétera.

los albañiles procedían a colocar las piedras de cimentación una sobre otra. Una vez seco el mortero, las piezas se comportaban como un gran bloque rígido capaz de sostener el magno monumento gótico. El albañil verificaba hilada tras hilada que las piedras estuviesen perfectamente alineadas y a nivel. Una vez terminada la cimentación se procedía a desplantar los muros. Cualquier pequeño error en la cimentación repercutiría en la estabilidad de los muros, por lo que la supervisión era estricta.

La planta de la catedral, con raras excepciones, tiene la forma de una cruz latina. La cruz es el símbolo alquímico del crisol;[82] es también uno muy antiguo empleado en muchas religiones. En el caso de la catedral, la cruz es el crisol donde Cristo sufrió su pasión y murió para resucitar purificado, espiritualizado, transformado.[83] En el periodo románico, se adoptó la planta cruciforme con accesos laterales al recinto; el gótico continuó con esta forma.

Todas las catedrales góticas tienen el ábside orientado hacia el sureste, la fachada hacia el noroeste y el crucero de noreste a suroeste. Ésta es una orientación invariable y simboliza que al entrar los fieles al templo por el occidente y dirigirse al altar mayor, miran hacia donde sale el sol, hacia el oriente, hacia Palestina, cuna del cristianismo, así salen de las tinieblas y se encaminan hacia la luz.

Como consecuencia de esta orientación, uno de los tres rosetones que adornan el crucero y la fachada principal nunca está iluminado por el sol: es el rosetón septentrional que se

---

[82] Fulcanelli, *El misterio de las catedrales*, pp. 52-54.
[83] Recordemos que la basílica en el Imperio romano era un edificio destinado al comercio. El ábside era el lugar en donde se sentaba vigilante el juez de paz. Al instituir Constantino el cristianismo como religión oficial del Imperio, las basílicas fueron el edificio ideal para sus reuniones litúrgicas. Las puertas laterales de acceso a la basílica fueron canceladas y la disposición de la planta tomó su función cristiana básica: un altar al frente, un acceso en la parte posterior. Posteriormente se adoptó la planta en forma de cruz latina.

encuentra en la fachada izquierda del crucero. El segundo rosetón, el meridional, resplandece al sol de mediodía. El tercer rosetón, el gran rosetón de la fachada principal, se ilumina con el sol poniente. Desde luego, la iluminación considerada en estos rosetones es luz natural del exterior; representa la secuencia de la gran obra de Dios, según la tradición bíblica en la que Dios creó al mundo a partir de las tinieblas.

En la Edad Media, el rosetón central se llamaba *rota*, que quiere decir, rueda. La rueda simboliza el tiempo de la "cocción"[84] durante la creación; el fuego para esta cocción se llama *fuego de rueda*. El rosetón representa, pues, la acción del fuego y su duración. Fue de tal importancia el simbolismo del rosetón que, conforme evolucionó y se difundió el gótico, llegó a dar a este estilo el nombre de *gótico flamígero* en los siglos XIV y XV. También el rosetón central simbolizaba la Estrella de los Magos, que resplandece sobre el pesebre en el que nació Jesús.[85]

Los pavimentos de las catedrales eran encargados al ceramista, quien tendía un enlosado con placas de tierra cocida, pintada y recubierta de un esmalte plomífero. En la Edad Media era de especial importancia el despiece de los pavimentos, ya que en ellos se debían dibujar los temas sobre los que el ser humano "debía andar" en este mundo. Generalmente se trazaban laberintos que se entrecruzaban en el punto clave, la intersección de la nave y el crucero. En este punto, con frecuencia, había una barra y un semicírculo de oro incrustado representando la salida del sol en el horizonte. En algunas catedrales, como la de Chartres, el diseño del pavimento en el cruce de la nave con el crucero era una serie de círculos concéntricos en cuyo centro estaba la representación del combate de Teseo con el Minotauro, prueba de la infiltración de temas paganos en la iconografía

---

[84] La "cocción", sugiere Fulcanelli, es como un proceso o secuencia maravillosa y ordenadísima, en que todas y cada una de las partes y de los tiempos están en perfecta armonía en la mente de Dios.
[85] Fulcanelli, *op. cit.*, p. 60.

cristiana. La idea de los laberintos representa la dificultad en la vida para encontrar el camino hacia el centro, hacia la salvación.

Todas las conquistas de la metalurgia, en un principio suscitadas por las necesidades militares, pero que venían aplicándose durante el siglo XI a las obras de paz, habían mejorado el arte de la edificación. Sobre todo en lo que respecta a las canteras: los útiles menos toscos permitían tallar la piedra con mayor exactitud y con esto los muros y columnas podían quedar aparentes y hablar más el lenguaje bernardino de austeridad, solemnidad y belleza natural.

La orientación hacia el Levante –el punto del cielo donde se ve cada mañana disiparse las tinieblas–, el deambulatorio y la disposición de la planta tenían como finalidad hacer resaltar la catedral como la nueva Jerusalén. Y como ella, debía dar la apariencia de estar fortificada y de ser muy alta. La idea era que, desde los lugares profundos de la tierra, los hombres presentaran su ofrenda a Dios.

La linealidad vertical de los muros, rematados con la "bóveda" celeste de las bóvedas góticas, era un excelente recurso para alentar en el espíritu humano su ofrenda. La estructura vertical de las catedrales góticas consiste en muros y columnas que sostienen las bóvedas. Por medio de estos elementos estructurales verticales se transmiten los esfuerzos de carga hacia la cimentación. Con el sistema constructivo gótico se pretende que las cargas se transmitan por puntos específicos marcados por la bóveda de crucería, lo que permite tener importantes claros entre los muros, mismos que en el románico era imposible imaginar.

Lo anterior produce una economía de materiales y mano de obra, logrando muros con vanos que posteriormente serían bellamente cerrados a la intemperie, más no a la luz, por los vitrales multicolores. Sin embargo, en los sitios en que era necesario reforzar el elemento vertical, o sea el muro, el constructor edificaba un doble muro, rellenando el espacio intermedio con pequeñas piedras y mortero (una especie de concreto); asimismo, las columnas en estos puntos necesitaban ser reforzadas por contrafuertes directamente conectados por arbotantes con el punto en el que la bóveda produce la fuerza conocida como "momento". Este punto se localiza precisamente en el capitel de la columna.

A medida que las paredes iban elevándose era necesario construir andamios para subir piedras, mortero, trabajadores, herramienta, etc. El ingenio de los constructores se manifestó en la enorme variedad de sistemas de montacargas y poleas. Asimismo, el diseño de plataformas de trabajo demandó grupos especializados en el manejo de la madera y la cuerda, y en el de la seguridad de los trabajadores que laboraban en las mayores alturas con respecto al nivel de piso conocidas.

El techo de las catedrales góticas estaba construido a partir de una serie de bastidores triangulares que se armaban a nivel del piso engranándose por el sistema de "cola de pato". Posteriormente, las piezas se subían por medio de los malacates o montacargas hasta la techumbre. Una vez en el techo se armaban nuevamente y se fijaban con pijas de roble. Los carpinteros no usaban clavos en esta parte del edificio. Las primeras vigas que se izaban hacia la parte superior de los muros terminados eran levantadas por poleas amarradas a los andamios. Una vez armados todos los bastidores triangulares que sostendrían la techumbre, se construía una tarima de gran utilidad para los trabajadores de la bóveda. La cimbra también debió ser un sistema muy complejo para sostener las bóvedas durante el tiempo en que fraguaban.

La bóveda de las catedrales góticas era construida por tramos. Cada tramo comprendía el área definida por un sistema de cuatro columnas. Lo primero que se colocaba era la nervadura o tracería. Ésta estaba formada por una serie de piedras cortadas especialmente. La "piedra clave", colocada al centro del punto más alto de la bóveda, cerraba las nervaduras y hacía trabajar el sistema de cargas.

Cuando las nervaduras comenzaban a "trabajar" como elementos portantes de carga se procedía a cerrar el espacio entre nervadura y nervadura. A este espacio se le denomina "tímpano" de la bóveda y estaba construido con las piedras más ligeras, esto con el fin de que la bóveda también lo fuese. Necesariamente, los carpinteros debían fabricar una cimbra para que los albañiles colocaran las piezas de piedra con mortero. Una vez seco éste, se procedía a retirar la cimbra. Cuando el mortero de los tímpanos estaba seco, se recubría con una capa de diez centímetros de espesor, hecha a base de cal viva, arena y agua. Esta capa se adhería perfectamente a las piezas de piedra, reforzándolas y evitando un posible agrietamiento y la caída de alguna pieza.

Al mismo tiempo, un equipo de "resanadores" trabajaba arduamente corrigiendo las imperfecciones de las piezas de cantera, con el fin de que la catedral luciera lo mejor construida posible.

Terminada la techumbre principal se procedía a construir la bóveda del coro. Para ello se fabricaba una polea suficientemente grande para que cupiesen uno o dos hombres en ella. Esta gran polea servía para poder alzar las pesadas piezas hacia la bóveda. Se izaba hasta la parte superior de la catedral y funcionaba a la perfección.

En las catedrales góticas, todos los elementos estructurales eran aparentes, es decir, no estaban recubiertos; la finura de los cortes así lo permitía y además era parte de la política de economía gótica. Los carpinteros y albañiles terminaban los techos con una serie de láminas de grafito. Después, los elementos a la intemperie eran decorados profusamente con esculturas, gárgolas y canalones de desagüe. Las gárgolas de desagüe que se utilizaron en las catedrales góticas son de particular interés. Normalmente estos elementos eran monstruosos, ya que representaban a los espíritus que desafiaban a los malignos que pretendían atacar la obra de Dios.

En las fundiciones se fabricaban las hermosas campanas de bronce mediante el método de la cera perdida. Las campanas eran elevadas por medio de poleas hasta su sitio permanente.

Los escultores labraban en los paneles semicirculares que se colocaban encima de cada una de las enormes puertas de la catedral, que a su vez eran fabricadas por carpinteros y herreros.

Por su parte, los vidrieros también trabajaban arduamente en la fabricación de los vitrales. Los materiales para fabricar los vitrales eran arena y cenizas de madera. Los colores se obtenían con la adición de diferentes metales y colorantes minerales. El proceso de fundición a altas temperaturas era ya muy sofisticado. Las piezas de vidrio casi nunca eran más mayores a de veinte por veinte centímetros, ya que dimensiones más grandes implicaban mayor riesgo de rompimiento.

Los albañiles colocaban la estructura de soporte de los vitrales para que los vidrieros armaran las miles de piezas de cristales de colores. La temática de los vitrales era muy variada. Era precisamente en ellos donde se podía mostrar con mayor claridad el pensamiento y las costumbres de la Edad Media. Recordemos que la catedral gótica era precisamente el pensamiento enciclopédico sintetizado. Los vitrales por lo general fueron donaciones de gremios, nobles, reyes o caballeros, por lo tanto su temática era muy variada y pretendía mostrar la cotidianeidad del donante. Desde luego que no se debe excluir la temática bíblica. La catedral gótica pretendía representar, con lujo de detalle, toda la historia de la salvación. Los vitrales eran el recurso formal más apropiado para lograr estos objetivos temáticos.

La belleza del espacio interior de una catedral gótica es indescriptible. La luminosidad que permiten los vitrales es maravillosa y profundamente conmovedora. Experimentar estos espacios, diría Suger:

> ...[es como estar en]... una extraña región del universo que ni existe enteramente en el cielo de la tierra, ni enteramente en la pureza del cielo; y que, por la gracia de Dios, puede ser transportado desde este mundo inferior a aquel superior de una manera anagógica...[86]

---

[86] S. Kostof, *Historia de la arquitectura*, tomo 2, p. 581.

VII

IDEAS EN LA COMPRENSIÓN DE LO SUBLIME EN LA ARQUITECTURA

Hablar de lo sublime como categoría estética en la arquitectura es asunto delicado, peligroso, quizá inabordable, y más para un arquitecto; por ello, acudo directamente a la voz de ciertos pensadores comenzando por Longino, para él:

Lo sublime no es más que el eco de un alma grande... Por su pensamiento, el hombre no sólo pueda abarcar el universo, sino sobrepasar sus límites. La naturaleza ha inspirado en nuestras almas un amor insaciable por todo lo que es más grande y más divino que nosotros mismos... con frecuencia la imaginación sobrepasa los límites del espacio... y la grandeza y belleza de cuanto nos rodea nos hace percibir de inmediato el fin para el que hemos sido creados.[87]

Lo bello lleva consigo un sentimiento directo de impulso a la vida... lo sublime es un placer que nace al sentir una suspensión momentánea de las facultades vitales, seguida inmediatamente por un desbordamiento mucho más fuerte de las mismas.[88]

...*Sublime* llamamos a lo que es *absolutamente grande.*[89]

Entendamos aquí el término absolutamente grande; lo *grande* no es una magnitud, lo verdaderamente *grande* no se contiene en cosa alguna, por ejemplo, en el océano, las nubes o una tormenta, sino en nuestro propio espíritu. Lo sublime no concibe límites y, sin embargo, lo absolutamente grande tiene que ver con que el ser humano sabe que lo sublime es ilimitado, pero para él es perceptible esa infinitud. En otras palabras, es en el ser humano

---

[87] Longino, *De lo sublime*, cap. 9.2, p. 61.
[88] E. Kant., *Crítica del juicio*, § 23, p. 146.
[89] E. Kant, *op. cit.*, § 25, p. 149.

donde se percibe esa absoluta grandeza, por lo tanto, *lo infinito es lo absolutamente grande*, y poder considerarlo solamente como un todo denota una facultad del espíritu que supera toda la medida de los sentidos.[90] Kant dice que el genuino sentimiento de lo sublime no es una experiencia muy común y afirma que lo que para el hombre culto es sublime, al hombre rudo y vulgar no le produce más efecto que el de un terror servil y depresivo.

Por su parte, Hegel expresa lo sublime como lo *elevado*, lo *absoluto*. "La sublimidad no está contenida en ninguna cosa en la naturaleza sino en nuestro ánimo, en cuanto somos conscientes de ser superiores a la naturaleza en nosotros y también a la naturaleza fuera de nosotros... lo sublime es el intento de expresar lo infinito".[91]

Al igual que Kant, Hegel dice que para captar lo sublime y lo infinito como un todo sólo nos es posible hacerlo por medio de la intuición. Cuando el arte hace valer la sustancia del todo en lo fundamental de su contenido y de su forma, entonces se produce lo auténticamente sublime.[92]

El poeta que anhela contemplar en todo lo divino, y realmente lo contempla, sacrifica también al propio yo, pero, a la vez, capta la inmanencia de lo divino en su interioridad, así ampliada y liberada; y por eso crece en él esa serena intimidad, esa libre felicidad, esa turbulenta beatitud, propia de los orientales, que en el rechazo de la propia particularidad se hunde por completo en lo eterno y lo absoluto, y reconoce y siente en todo la imagen y la presencia de lo divino. Tal compenetración del yo por lo divino y la vida beatífica ebria de Dios linda con el misticismo.[93]

---

[90] E. Kant, *op. cit.*, § 26, p. 156.
[91] *Ibid.*, p. 118.
[92] G.W.F. Hegel, *op. cit.*, pp. 131 y 132.
[93] G.W.F. Hegel, *op. cit.*, pp. 125 y 126. En la página 129, Hegel nos refiere al poeta Goethe "...que se vio atraído en sus últimos años por esa amplia y despreocupada serenidad, y ya anciano, se tornó pleno de

Para Hegel, el universo está concebido como una sola sustancia. Cuando el arte hace valer la relación fundamental con esta sustancia tanto en su contenido como en su forma, entonces se produce la forma artística de la sublimidad.[94] En ésta, el ser es llevado por la intuición como única manera en que el ser humano puede acercarse a Dios, a lo sublime.

Hartmann distingue lo natural sublime y lo artístico sublime y nos dice que debemos ver lo sublime en casi todos los terrenos en lo que nos sale al encuentro algo grande o superior a nosotros.[95] Sublime es lo que tan sólo con poder pensarlo atestigua una facultad del ánimo que sobrepasa cualquier medida de los sentidos. Así, en la comprensión de algo tan sin medida debe aparecer un sentimiento de desmedida.[96]

Según este filósofo, los encuentros más puros se dan en donde menos se los buscaría, esto es en las artes no figurativas, es decir, la música y la arquitectura. Asimismo, nos dice que lo más alto en composición espacial y dinámica se dio en el gótico.[97]

Hartmann propone una estructura para la comprensión de lo sublime estético, fundamentada en los dos puntos básicos del pensamiento kantiano acerca de lo sublime: *el valor fundado en un disvalor* y *lo absolutamente grande*. De esta manera, la clasificación de lo sublime para Hartmann es la siguiente:

---

inmensa beatitud, con el ardor de la sangre, hacia esta libertad de sentimiento que ni en la polémica perdió la más bella imperturbabilidad". En su canto a Suleika, dice Hegel que se necesita haber ejercitado una amplitud infinita, un sentido del saber consciente en todos los tormentos, una profundidad y juventud del corazón.

[94] G.W.F. Hegel, *Lecciones sobre la estética*, p. 274.
[95] N. Hartmann, *Estética*, p. 426.
[96] N. Hartmann, *op. cit.*, p. 431.
[97] *Ibid.*, p. 431.

1. Lo grande y lo grandioso
2. Lo serio, solemne, sobresaliente, profundo o abismal
3. Lo cerrado en sí, perfecto; lo callado y silencioso y lleno de misterio
4. Lo superior en la naturaleza, lo prepotente y dominante, lo superior moralmente, lo imponente
5. Lo enorme, lo poderoso y terrible, lo monumental, lo lapidario, lo duro y lo colosal en la forma
6. Lo sobrecogedor y conmovedor
7. Lo trágico

Según él, las dos artes más capaces de representar lo sublime son la música y la arquitectura. Estas artes no "representan" verdaderamente, sino que sólo hacen sensible aquello que tratan de expresar en sus formas autónomas, en las que aparece la poética del trasfondo.

Para Worringer, el misticismo, o sinónimo de sublimidad, es, en buena parte, un producto gótico. El misticismo le dice al individuo que se empequeñezca y que se anule a sí mismo para fundirse en la divinidad que existe dentro de él. El hombre, bajo esta consideración, es como un vaso donde habita Dios, en donde el ser humano se engrandece y se eleva a terrenos sublimes.

Como vimos en páginas anteriores, el hombre nórdico generó con sus maravillosas y dinámicas líneas ornamentales el lenguaje teocéntrico de la mística gótica por excelencia; en este lenguaje, él se recrea y se pierde en sus laberintos de pensamiento y de infinita linealidad. Según Worringer, en la catedral gótica, la mística y la escolástica se juntan de modo indisoluble; lo que las reúne es su carácter trascendental, lo que las distingue es la diferencia entre sus modos de expresión. El interior de las catedrales góticas produce la emoción de una experiencia suprasensible que parte de aquellos elementos lineales nórdicos.

Ahora bien, en la escolástica el éxtasis del intelecto es lo que a la mística el éxtasis del alma. El éxtasis del alma es la emoción más grande que puede experimentar el ser humano y se traduce, como lo define Worringer, en el refinamiento y la sublimación de las emociones hasta llevarlas a la esfera de lo suprasensible. Esta esfera es como un espacio, como la intención del espacio gótico. Pero esta experiencia gótica o de misticismo no la puede experimentar todo ser humano. Según Worringer, cuando se aumentan los factores sensibles en un ser humano, éste debilita su dualismo con respecto al mundo exterior hasta el punto en que se puede separar de ese dualismo y se atreve a enfrentarse solo con el mundo.[98] Ésta es una espiritualidad más propia del hombre nórdico. La relación entre éste y el mundo es más cálida e íntima, más desprendida de lo material, a pesar de vivir entre lo material.

El hombre gótico busca lo divino en el foco del propio yo, y sabe que ahí se encuentra Dios. Por eso es capaz de crear obras de arte a su imagen y semejanza. Dice Worringer:

> Dentro de la concepción medieval, lo divino es buscado en el foco del propio yo, en el espejo de la contemplación interior, en la embriaguez y éxtasis del alma. He aquí una nueva conciencia humana, un nuevo orgullo humano, que considera al pobre yo del hombre como digno de ser el vaso de Dios. Así el misticismo no es otra cosa que la creencia en la divinidad del alma humana; pues sólo siendo el alma misma divina, puede contemplar a Dios. ¡Cuán lejos queda el trascendentalismo oriental de esta orgullosa intuición, de esta fe en la capacidad de lo humano, de lo condicionado, de lo contingente, para extenderse y amplificarse hasta participar en lo divino, en lo incondicionado, en lo absoluto! El oriental sabe que no puede jamás contemplar a Dios; el místico cree poder participar aquí del allá... La mística se ha acercado tanto a la tierra que ya no ve lo divino fuera de este mundo, sino en el mundo mismo, es decir en el alma humana y en todo lo que es accesible a ésta. La mística cree poder participar de la

---

[98] El dualismo que plantea Worringer se explica como la relación que tiene el hombre con su cosmos en cada una de las cuatro categorías humanas: hombre primitivo, hombre oriental, hombre clásico y hombre nórdico.

divinidad por la vía del éxtasis y de la inmersión de su propio ser.[99]

Y continúa:

> El misticismo, al hacer del hombre el vaso de la divinidad, al reflejar a Dios y el mundo en el mismo espejo del alma humana, comienza un proceso de santificación, de divinización o, para nombrarlo por su verdadero nombre, de humanización, que abraza todo lo exterior, todo lo natural, y que, con gran consecuencia, se desenvuelve luego en la forma de ese panteísmo idealista que llama hermanos a los árboles, a los animales; en suma, a todo ser creado. La seguridad de poder contemplar a Dios en sí mismo produce como una primavera de las almas.[100]

En las primeras etapas del gótico, la austeridad de sus espacios elevaba el alma a lo sublime; conforme avanzaron el tiempo y el gótico, se produjo una especie de primavera del gótico. La unificación se convirtió en una suma gloriosa de infinitas formas y líneas en donde, a la manera en que está el mundo, todo cabe, todo tiene su especial sitio, su sentido y a la vez su multiplicidad, su resonancia, en una armoniosa sinfonía de piedra y espacio, en un poema universal habitable.

La catedral gótica es, de esta manera, espacio universal, cósmico, íntimo, inmenso e infinito, en una palabra: sublime. La estética cristiana, particularmente la gótica, es una doctrina de lo sublime, expresando siempre un sentimiento de belleza peculiarmente dual, es decir, acompañado siempre de un temor profundo. Lo sublime es Dios en su altitud inaccesible, en su

---

[99] W. Worringer, *op. cit.*, pp. 135 y 136.
[100] *Ibid.*, p 136.

profundidad insondable y en su carácter *totaliter alter.*[101] Lo sublime es esencial para la estética cristiana. La belleza mesurada acaricia, pero lo sublime mueve los sentimientos más profundos de la vida.

Nos dice san Agustín que lo sublime es la emoción más profunda que el espíritu puede experimentar y habla de ello a la manera en que Kant lo haría más de mil años después. San Agustín en su idea de lo sublime continuamente expresa la dualidad: por un lado el sentimiento de *criatura* que se hunde como un ser ínfimo anegado en su propia nada, pero a la vez la vivencia de formas de excelsa beatitud que viven en nuestras almas y que nos acercan cotidianamente a Dios.

Para finalizar, el siguiente testimonio como la mejor confirmación de la existencia de un trasfondo vivo y sublime en la catedral gótica:

> Yo soy un hombre español, es decir, un hombre sin imaginación... El arte español, es realista... el pensamiento español, es realista... La poesía española, la épica castiza, se atiene a la realidad histórica... soy un hombre que quiere ante todo ver y tocar las cosas y que no se place imaginándolas: soy un hombre sin imaginación. Y lo peor es que el otro día entré en una catedral gótica... Yo no sabía que dentro de una catedral gótica habita siempre un torbellino; ello es que apenas puse el pie en el interior fui arrebatado de mi propia pesantez sobre la tierra... Y todo esto vino sobre mí rapidísimamente. Puedo dar un detalle más común a aquella algarabía, a aquel pandemónium movilizado, a aquella realidad semoviente y agresiva... [y ya fuera de la catedral, se sentó a contemplarla, a ya recordar lo que había vivido dentro de ella] había mirado hacia arriba, allá, a lo altísimo, curioso de conocer el acontecimiento supremo que me era anunciado, y había visto

---

[101] Estrada Herrero, *Estética*, p. 639.

los nervios de los pilares lanzarse hacia lo sublime con una decisión de suicidas, y en el camino trabarse con otros, atravesarlos, enlazarlos y continuar más allá sin reposo, sin miramiento, arriba, arriba, sin acabar nunca de concretarse; arriba, arriba, hasta perderse en una confusión última que se parecería a una nada donde se hallara fermentando todo. A esto atribuyo haber perdido la serenidad.[102]

---

[102] J. Ortega y Gasset, *La deshumanización del arte*, pp. 101-103.

CONCLUSIÓN

La catedral gótica como caso de estudio ha permitido concluir que es posible encontrar un hilo conductor para llevar al habitador de una obra de arte arquitectónica hasta los aspectos más íntimos y originarios de ella.

Se propone entonces sistematizar algunos conceptos aquí expuestos para integrar una ruta de comprensión de la arquitectura de todos los tiempos y de todos los pueblos desde sus propios supuestos ideológicos. Estos conceptos y esta ruta son:

Analizar el contexto socio-histórico particular que lleve a comprender la necesidad espacial a la que responde el edificio.

Conocer la estética del momento y del lugar en el que ha surgido o surge el edificio que se estudia.

Comprender la mitología y el pensamiento filosófico particular que cohesiona a una comunidad particular y que definirá la mística conceptual del edificio.

Identificar a los hombres que son germen de la mística de esa comunidad. Conocer la categoría a la que pertenecen como grupo humano, así como entender los rasgos de su personalidad y de su quehacer.

Deslindar la categoría a la que pertenece el sujeto a quien se destina una obra de arquitectura.

Leer *a priori* o *a posteriori* el poema espacial que permanece vivo en una obra de arte de arquitectura.

Descubrir los diferentes planos del trasfondo de esa obra de arte arquitectónica para conducir al contemplador al momento creativo, es decir, cuando el espacio no era aún espacio, sino únicamente anhelo, voluntad de ser.

Analizar el proceso de materialización de la obra de arte arquitectónica. Identificar los elementos simbólicos tangibles que utiliza el artista para que la obra represente en su primer plano el trasfondo al que responde.

Definir las categorías estéticas en una obra de arte de arquitectura.

Los ulteriores trabajos que se sugieran o deriven de este ensayo justifican la indagación teórica realizada. Hasta aquí este primer tiempo, el cual marca el punto final a lo que ha sido un apasionante primer recorrido por el trasfondo filosófico de la arquitectura gótica.

BIBLIOGRAFÍA

Ávila, Carlos, *Antología de la historia de las ideas estéticas*, México, publicación privada para la Universidad Anáhuac, 1996.

Bachelard, Gaston, *La poética del espacio*, trad. de Ernestina de Champourcin, México, Fondo de Cultura Económica, Breviarios 183, 1975.

Bayard, J.P., *El secreto de las catedrales*, trad. de Teresa López García, México, Tikal Ediciones, 1996.

Bayer, Raymond, *Historia de la estética*, trad. de Jasmín Reuter, México, Fondo de Cultura Económica, 1993.

Benévolo, L., *Introducción a la arquitectura*, Madrid, Celeste Ediciones, 1992.

Biblia de Jerusalén, Bilbao, Editorial Española Desclée de Brouwer, 1975.

Cassirer, Ernst, *El mito del estado*, México, Fondo de Cultura Económica, 1985.

Delumeau, Jean, *El miedo en Occidente*, trad. de Mauro Armiño, Madrid, Taurus, 1989.

Duby, Georges, *San Bernardo y el arte cisterciense*, Madrid, Taurus Humanidades, 1992.

—, *Año 1000, año 2000, la huella de nuestros miedos*, trad. de Óscar Luis Molina S., Santiago de Chile, Andrés Bello, 1995.

—, *Mujeres del siglo XII*, trad. de Mauro Armiño, Santiago de Chile, Andrés Bello, 1995.

Erlande-Brandenburg, Alain, *La cathedrale gothique*, París, Nouvelles Editions Mame, 1990.

Fernández, Clemente, *Los filósofos medievales*, Madrid, Biblioteca de Autores Cristianos, 1979.

Fulcanelli, *El misterio de las catedrales*, trad. de J. Ferrer Aleu, Barcelona, Plaza y Janés Editores, 1993.

Gallimard, Jeunesse, *L'art de construire*, Roma, Libraria, 1994.

Gaos, José, *Historia de nuestra idea de mundo*, México, Fondo de Cultura Económica, 1983.

Gaya Nuño, Juan Antonio, "Artes nacionales prerrománicos", en Historia del Arte Universal, México, Everest, 1979.

Hartmann, Nicolai, *Estética*, trad. de Elsa Cecilia Frost, México, UNAM, 1977.

—, *Introducción a la filosofía*, trad. de José Gaos, México, Instituto de Investigaciones Filosóficas-UNAM, 1969.

Hauser, Arnold, *Historia social de la literatura y del arte*, Barcelona, Labor, 1983.

Hegel, G.W.F., *Estética*, trad. de Alfredo Llanos, Buenos Aires, Ediciones Siglo Veinte, 1983.

——, *Fenomenología del espíritu*, trad. de Wenceslao Roces, México, Fondo de Cultura Económica, 1994.

——, *Lecciones sobre la filosofía de la historia universal*, trad. de José Gaos, Madrid, Alianza Universidad, 1985.

Heidegger, Martin, *Arte y poesía*, México, Fondo de Cultura Económica, 1992.

Janson, H.W., *Historia general del arte*, Madrid, Alianza Editorial, 1990.

Kant, Emmanuel, *Crítica del juicio*, trad. de Manuel García Morente, México, Espasa Calpe, 1990.

Kostof, Spiro, *Historia de la arquitectura*, Madrid, Alianza Editorial, 1988.

Longino, *On the sublime*, trad. al inglés de T.S. Dorsch, Baltimore, Penguin Books, 1967.

Macaulay, David, *Cathedral, the story of its construction*, Boston, Houghton Mifflin Co., 1976.

Montes de Oca, Francisco, *La filosofía desde sus fuentes*, México, Porrúa, 1992.

Ortega y Gasset, José, "La deshumanizacion del arte", Revista de Occidente, 5a ed., Madrid, 1958.

Parain, Brice, *Historia de la filosofía*, tomo 4, México, Siglo XXI Editores, 1985.

Pijoan, José, *Suma artis*, Madrid, Espasa Calpe.

Ramos, Samuel, *Obras completas*, tomo III, Estudios de Estética, Filosofía de la Vida Artística, México, UNAM, 1991.

Raymond, M., *La familia que alcanzó a Cristo*, Madrid, Alco Artes Gráficas, 1974.

Rossi, Leandro, y Ambrogio Valsecchi, *Diccionario enciclopédico de teología moral*, Madrid, Ediciones Paulinas, 1980.

Santa Teresa de Jesús, *Obras completas*, Burgos, Editorial Monte Carmelo, 1994.

Swaan, Wim, *The Gothic Cathedral*, Nueva York, Park Lane, 1983.

Symonds, J.A., *El renacimiento en Italia*, México, Fondo de Cultura Económica, 1987.

Venturi, L., *Historia de la crítica de arte*, trad. de Rossend Arqués, Barcelona, Gustavo Gili, 1984.

Von Schlosser, Julius, *El arte de la Edad Media*, trad. de José-Francisco Ivars, Barcelona, Gustavo Gili, 1981.

Worringer, Wilhelm, *La esencia del gótico*, trad. de Manuel García Morente, Buenos Aires, Ediciones Nueva Visión, 1973.

INDICE